BestMasters

Mit „**BestMasters**" zeichnet Springer die besten Masterarbeiten aus, die an renommierten Hochschulen in Deutschland, Österreich und der Schweiz entstanden sind. Die mit Höchstnote ausgezeichneten Arbeiten wurden durch Gutachter zur Veröffentlichung empfohlen und behandeln aktuelle Themen aus unterschiedlichen Fachgebieten der Naturwissenschaften, Psychologie, Technik und Wirtschaftswissenschaften. Die Reihe wendet sich an Praktiker und Wissenschaftler gleichermaßen und soll insbesondere auch Nachwuchswissenschaftlern Orientierung geben.

Springer awards **"BestMasters"** to the best master's theses which have been completed at renowned Universities in Germany, Austria, and Switzerland. The studies received highest marks and were recommended for publication by supervisors. They address current issues from various fields of research in natural sciences, psychology, technology, and economics. The series addresses practitioners as well as scientists and, in particular, offers guidance for early stage researchers.

Amnider Singh Kainth

Dropshipping Expansion von Indien in die Vereinigten Staaten von Amerika

Schlüsselfaktoren für den Erfolg und die Bedeutung von Nachhaltigkeitsbemühungen

Amnider Singh Kainth
Industrial Engineering
Fachhochschule Technikum Wien
Strasshof an der Nordbahn, Österreich

ISSN 2625-3577 ISSN 2625-3615 (electronic)
BestMasters
ISBN 978-3-658-47601-4 ISBN 978-3-658-47602-1 (eBook)
https://doi.org/10.1007/978-3-658-47602-1

Die Deutsche Nationalbibliothek verzeichnet diese Publikation in der Deutschen Nationalbibliografie; detaillierte bibliografische Daten sind im Internet über https://portal.dnb.de abrufbar.

© Der/die Herausgeber bzw. der/die Autor(en), exklusiv lizenziert an Springer Fachmedien Wiesbaden GmbH, ein Teil von Springer Nature 2025

Das Werk einschließlich aller seiner Teile ist urheberrechtlich geschützt. Jede Verwertung, die nicht ausdrücklich vom Urheberrechtsgesetz zugelassen ist, bedarf der vorherigen Zustimmung des Verlags. Das gilt insbesondere für Vervielfältigungen, Bearbeitungen, Übersetzungen, Mikroverfilmungen und die Einspeicherung und Verarbeitung in elektronischen Systemen.
Die Wiedergabe von allgemein beschreibenden Bezeichnungen, Marken, Unternehmensnamen etc. in diesem Werk bedeutet nicht, dass diese frei durch jede Person benutzt werden dürfen. Die Berechtigung zur Benutzung unterliegt, auch ohne gesonderten Hinweis hierzu, den Regeln des Markenrechts. Die Rechte des/der jeweiligen Zeicheninhaber*in sind zu beachten.
Der Verlag, die Autor*innen und die Herausgeber*innen gehen davon aus, dass die Angaben und Informationen in diesem Werk zum Zeitpunkt der Veröffentlichung vollständig und korrekt sind. Weder der Verlag noch die Autor*innen oder die Herausgeber*innen übernehmen, ausdrücklich oder implizit, Gewähr für den Inhalt des Werkes, etwaige Fehler oder Äußerungen. Der Verlag bleibt im Hinblick auf geografische Zuordnungen und Gebietsbezeichnungen in veröffentlichten Karten und Institutionsadressen neutral.

Planung/Lektorat: Karina Kowatsch
Springer Gabler ist ein Imprint der eingetragenen Gesellschaft Springer Fachmedien Wiesbaden GmbH und ist ein Teil von Springer Nature.
Die Anschrift der Gesellschaft ist: Abraham-Lincoln-Str. 46, 65189 Wiesbaden, Germany

Wenn Sie dieses Produkt entsorgen, geben Sie das Papier bitte zum Recycling.

Danksagung

Ich möchte diese Gelegenheit nutzen, um meinen aufrichtigen Dank an die FH Technikum Wien auszusprechen. Durch die großzügige Möglichkeit, hier zu studieren und meinen Master in der Abteilung Industrial Engineering abzuschließen, habe ich wertvolle Erfahrungen gesammelt und mich persönlich sowie fachlich weiterentwickelt.

Ein besonderer Dank gebührt meinem Betreuer, Herrn Mag. Wolfgang Neussner, PhD, der mich während des gesamten Prozesses meiner Masterarbeit unterstützte. Sein fachliches Know-how und seine ermutigenden Worte waren für mich von unschätzbarem Wert.

Darüber hinaus möchte ich mich herzlich bei der Abteilung Industrial Engineering und ihrem engagierten Leiter, Herrn Dr. techn. Maximilian Lackner, MBA, bedanken. Ihre Unterstützung und ihr Vertrauen haben maßgeblich dazu beigetragen, dass ich mein Studium erfolgreich abschließen konnte. Ohne ihr Engagement und ihre Ermutigung wäre dieser Meilenstein nicht möglich gewesen.

Kurzfassung

Viele Menschen sind von dem Konzept des Geschäftsmodells Dropshipping fasziniert und starten oft mit begrenztem Wissen und wenig praktischer Erfahrung. Junge Unternehmen kämpfen mit der Diversifizierung auf anderen Märkten und stoßen auf unerwartete Hürden. Die Masterarbeit befasste sich mit der Ermittlung der Erfolgsfaktoren, die auf dem Weg einer Expansion von einem Land ins andere behilflich sein können. Ein weiteres Ziel dieser Arbeit war es, zu ermitteln, ob die Umweltbemühungen eines Unternehmens die Kaufentscheidungen und die Preisbereitschaft der Kunden*innen beeinflussen können. Im Rahmen dessen wurden Interviews durchgeführt und Umfragebögen zur Datenerhebung verteilt. Anhand der Interviews hat sich herausgestellt, dass die Anpassungsfähigkeit, die rechtlichen Aspekte und Compliance-Prozesse, eine starke Markengeschichte und ein Nischenmarktansatz als Erfolgsfaktoren für eine positive Expansion dienen können. Anhand der Umfragen wurden drei wichtige Erkenntnisse gewonnen. Erstens: Mehr als die Hälfte der Teilnehmenden dieser Umfrage gaben an, dass sie bereit sind, einen Aufpreis für umweltfreundlichere Produkte zu bezahlen. Zweitens: Die Befragten gaben an, dass sie eher bei einem Unternehmen einkaufen würden, das sich für Umweltschutz und Nachhaltigkeit einsetzt, als bei einem, dass dies nicht tut. Drittens: Die Prozentwerte zeigen, dass Frauen angeben, dass ihnen die Umweltfreundlichkeit wichtiger ist als Männern und sie eher bereit sind, einen Aufpreis für umweltfreundlichere Produkte zu bezahlen, jedoch gibt es keine statistische Signifikanz in den Unterschieden zwischen Männern und Frauen.

Schlüsselwörter: Dropshipping · Logistik · Webshop · Erfolgsfaktoren · E-Commerce

Abstract

Many people are fascinated by the concept of the dropshipping business model and often start with limited knowledge and little practical experience. Young companies struggle to diversify into other markets and encounter unexpected hurdles. The master's thesis focused on identifying the success factors that can help on the path of expansion from one country to another. A further aim of this thesis was to determine whether a company's environmental efforts can influence customers' purchasing decisions and willingness to pay. As part of this, interviews were conducted, and survey questionnaires distributed to collect data. The interviews revealed that adaptability, legal aspects and compliance processes, a strong brand story and a niche market approach can serve as success factors for positive expansion. Three important insights were gained from the surveys. Firstly, more than half of the participants in this survey stated that they would be willing to pay a premium for more environmentally friendly products. Secondly, respondents indicated that they would be more likely to buy from a company that is committed to environmental protection and sustainability than one that is not. Thirdly, the percentages show that women indicate that environmental friendliness is more important to them than men and that they are more willing to pay a premium for more environmentally friendly products, but there is no statistical significance in the differences between men and women.

Keywords: Dropshipping · Logistics · Webshop · Success Factors · E-Commerce

Inhaltsverzeichnis

1	**Einleitung**	1
1.1	Motivation	2
1.2	Problemstellung	2
1.3	Forschungsfragen	3
1.4	Zielsetzung	4
1.5	Nichtziele, Ausschließungen oder Einschränkungen	5
1.6	Lösungsansatz	6
2	**Die Logistik**	7
2.1	Beschaffungslogistik	8
2.2	Produktionslogistik	10
2.3	Vertriebslogistik	12
2.4	Entsorgungslogistik	17
3	**E-Commerce**	19
3.1	Der Unterschied zwischen B2B und B2C	21
3.2	Consumer to Consumer	23
3.3	Customer to Business	23
3.4	Business to Government	24
4	**Dropshipping Modell**	25
4.1	Der Ablauf des Dropshipping Modells	27
4.2	Grundlagen für den Aufbau von eines Webshops	28
	4.2.1 Shopify	29

	4.2.2	Vorbereitende Schritte vor der Erstellung der Webseite	31
	4.2.3	Die Erstellung eines Webshops	32
4.3		Vor- und Nachteile bei Dropshipping	38
	4.3.1	Vorteile des Dropshipping Modells	38
	4.3.2	Nachteile des Dropshipping Modells	39
4.4		Supply Chain Management bei Dropshipping	41
5	**Dropshipping in Indien und in den Vereinigten Staaten**		43
5.1	Dropshipping in Indien		43
5.2	Dropshipping in den Vereinigten Staaten		46
6	**Marketingstrategien Dropshipping**		47
6.1	Dropshipping auf Sozialen Medien		49
6.2	Green Marketing		53
6.3	Greenwashing		55
7	**Kaufentscheidungsprozess von Kunden**		59
7.1	Problemerkennung		60
7.2	Informationssuche		61
7.3	Bewertung von Alternativen		62
7.4	Kaufentscheidung		62
7.5	Verhalten nach dem Kauf		63
8	**Experteninterviews und Fragebogen**		65
8.1	Experteninterviews		65
8.2	Fragebogen		66
9	**Beeinflussung der Kaufentscheidungen der Konsumenten*innen durch Nachhaltigkeitenbemühungen der Unternehmen**		69
10	**Erfolgsfaktoren für eine Expansion von Indien in die Vereinigten Staaten von Amerika**		87
10.1	Expertenmeinungen zur Frage 1		88
10.2	Expertenmeinungen zur Frage 2		89
10.3	Expertenmeinungen zur Frage 3		90

10.4	Expertenmeinungen zur Frage 4	91
10.5	Expertenmeinungen zur Frage 5	91
10.6	Expertenmeinungen zur Frage 6	92
10.7	Expertenmeinungen zur Frage 7	93
10.8	Expertenmeinungen zur Frage 8	94
10.9	Expertenmeinungen zur Frage 9	95
	10.9.1 Vergleich der Expertenmeinungen	96
11	**Conclusio**	103
11.1	Zusammenfassung	103
11.2	Weitere Forschungsarbeiten	104
Literaturverzeichnis		105

Abkürzungsverzeichnis

B2B	Business to Business
B2C	Business to Consumer
CO2	Kohlendioxid
ICC	Internationale Handelskammer
IT	Informations Technologien
KI	Künstliche Intelligenz
Mio.	Millionen
Mrd.	Milliarden
SPSS	Statistical Package of the Social Sciences
SSL	Secure Socket Layer Protocol
USA	United Stated of America (Vereinigten Staaten von Amerika)

Abbildungsverzeichnis

Abbildung 2.1	Logistikbereiche [7]	8
Abbildung 2.2	Hauptaufgaben der Produktionslogistik [13]	10
Abbildung 2.3	Informations- und Warenfluss [15]	14
Abbildung 2.4	Traditionelle Lieferkette [8]	15
Abbildung 2.5	Dropshipping Lieferkette [8]	15
Abbildung 2.6	Dropshipping Modell [17]	16
Abbildung 2.7	Entsorgungslogistik [9]	18
Abbildung 3.1	Kontaktprinzipien im Einzelhandel [18]	20
Abbildung 4.1	Der Ablauf des Dropshipping Modells [1]	27
Abbildung 4.2	Shopify Funktionen [27]	30
Abbildung 4.3	Arbeitsablauf bei einer Bestellung [27]	30
Abbildung 4.4	Shopify Abonnements Preise in Indien [28]	33
Abbildung 4.5	Shopify Preise in den Vereinigten Staaten [28]	33
Abbildung 4.6	Shopify Apps [31]	34
Abbildung 4.7	Shopify Template Origin [32]	35
Abbildung 4.8	Shopify Template Gain [32]	35
Abbildung 5.1	E-Commerce Verkaufszahlen von Bekleidungsstücken in USA von 2013 bis 2018 [16]	46
Abbildung 6.1	Online-Marktplatz und die beteiligen Parteien [41]	48
Abbildung 6.2	Monatliche aktive Nutzer*innen auf sozialen Medien im Januar 2024 (in Mio.) [43]	51
Abbildung 6.3	Behauptung der Täuschung im bezugnehmen auf Greenwashing [46]	56

Abbildung 7.1	Fünf-Phasenmodell nach Kotler [51]	59
Abbildung 7.2	Erneute Kaufentscheidung [51]	63
Abbildung 9.1	Frage 1 der Umfrage zum Geschlecht	72
Abbildung 9.2	Frage 2 der Umfrage zum Alter	72
Abbildung 9.3	Frage 3 der Umfrage zur Nutzung von E-Commerce im persönlichen und beruflichen Umfeld	73
Abbildung 9.4	Frage 4 der Umfrage zur Bedeutung der Umweltfreundlichkeit von Produkten für Konsumenten	74
Abbildung 9.5	Frage 5 der Umfrage zum Kaufverhalten bezüglich umweltfreundlicher Produkte	75
Abbildung 9.6	Frage 6 der Umfrage zur Kaufhäufigkeit umweltfreundlicher Produkte in den letzten 3 Jahren	75
Abbildung 9.7	Frage 7 der Umfrage zur Bewertung der Wichtigkeit umweltbewusster Unternehmen	76
Abbildung 9.8	Frage 8 der Umfrage zum Einfluss der Umweltfreundlichkeit auf Kaufentscheidungen	77
Abbildung 9.9	Frage 9 der Umfrage zur Häufigkeit der Recherche zu Umweltbemühungen von Unternehmen	78
Abbildung 9.10	Frage 10 der Umfrage zur Entscheidungsfaktoren beim Kauf umweltfreundlicher Produkte	79
Abbildung 9.11	Frage 11 der Umfrage zur Präferenz für Produkte von umweltbewussten Unternehmen	80
Abbildung 9.12	Frage 12 der Umfrage zur zusätzliche Kostenbereitschaft für umweltfreundliche Produkte	81
Abbildung 9.13	Frage 13 der Umfrage zur Glaubwürdigkeit von Unternehmen, die Umweltprobleme adressieren	82
Abbildung 9.14	Frage 14 der Umfrage zum Vertrauen in Unternehmen mit nachhaltigen Praktiken	83

Tabellenverzeichnis

Tabelle 2.1	Incoterms Übersicht [12]	9
Tabelle 2.2	Ziele der Produktionslogistik [13]	11
Tabelle 3.1	Unterschiede zwischen B2C und B2B [20]	22
Tabelle 4.1	Tarife und Funktionen der verschiedenen Shopify-Pakete [30]	37
Tabelle 4.2	Vor- und Nachteile des Dropshippings [34–36]	40
Tabelle 5.1	E-Commerce Verkaufszahlen in Indien von 2015 bis 2021 (Mrd. US-Dollars) [38]	45
Tabelle 8.1	Klassifizierung von Interviews [53]	66
Tabelle 10.1	Expertenmeinungen Vergleich ½	96
Tabelle 10.2	Expertenmeinungen Vergleich 2/2	97

Formelverzeichnis

Formel 2.1 Lieferzuverlässigkeit [15] 13
Formel 2.2 Lieferbereitschaft [15] 14

Einleitung 1

In dieser Masterarbeit erfolgt eine eingehende Untersuchung des Geschäftsmodells des Dropshipping, das auch als Dropshipping-Handel oder im deutschsprachigen Raum als Streckengeschäftsmodell bekannt ist. Dieses Geschäftsmodell, das seit vielen Jahren auf dem Markt etabliert ist, hat insbesondere seit dem Jahr 2020 erhebliche Aufmerksamkeit auf sich gezogen. Im Fokus dieser Untersuchung steht die noch zu aufzustrebende Online-Handelsplattform „Dropshipping", was gleichzeitig bedeutet, dass physische Ladengeschäfte nicht von Relevanz sind.

Die Forschungsarbeit legt den Schwerpunkt auf zwei Länder, nämlich Indien und die Vereinigten Staaten von Amerika. In diesem Kontext werden zwei Hauptaspekte behandelt. Zum einen werden die Erfolgsfaktoren dieses Geschäftsmodells ausführlich analysiert, um ein tiefes Verständnis für die Faktoren zu gewinnen, die den Geschäftserfolg im Dropshipping-Bereich beeinflussen. Zum anderen wird der Einfluss von Nachhaltigkeitsbemühungen auf die Kaufentscheidungen der Kunden*innen untersucht, um aufzuzeigen, wie umweltbewusste Praktiken die Marktakzeptanz beeinflussen.

Diese Masterarbeit verfolgt das Ziel, angehenden Unternehmer*innen, insbesondere solchen, die in dieser Branche tätig werden möchten, einen umfassenden Überblick über das Dropshipping-Geschäftsmodell zu bieten. Dabei werden sowohl die erfolgskritischen Faktoren als auch die Bedeutung von Nachhaltigkeitsaspekten beleuchtet.

Ergänzende Information Die elektronische Version dieses Kapitels enthält Zusatzmaterial, auf das über folgenden Link zugegriffen werden kann https://doi.org/10.1007/978-3-658-47602-1_1.

© Der/die Autor(en), exklusiv lizenziert an Springer Fachmedien Wiesbaden GmbH, ein Teil von Springer Nature 2025
A. S. Kainth, *Dropshipping Expansion von Indien in die Vereinigten Staaten von Amerika*, BestMasters, https://doi.org/10.1007/978-3-658-47602-1_1

1.1 Motivation

In der heutigen Zeit sind viele junge Menschen fasziniert von dem Konzept des Dropshippings, sei es durch die Anziehungskraft sozialer Medien oder die Verlockung von YouTube-Werbevideos. Oftmals sind es die Geschichten von raschem Erfolg und scheinbar mühelosem Unternehmertum, die sie inspirieren, in dieser aufstrebenden Branche Fuß zu fassen. Dabei starten sie oft mit begrenztem Wissen und wenig praktischer Erfahrung. [1, 2]

Doch auf ihrem Weg treffen aufstrebende Unternehmer*innen häufig auf unerwartete Hürden, die sie zuvor nicht in Betracht gezogen haben. Die meisten von ihnen kämpfen damit, ihre Online-Plattformen erfolgreich in ausländische Märkte auszudehnen. Sie verschwenden Zeit und Ressourcen, da sie die wesentlichen Erfolgsfaktoren dieser Branche nicht klar identifizieren können.

Das Hauptziel dieser Arbeit ist es, die essenziellen Erfolgsfaktoren in der Welt des Dropshippings zu beleuchten und herauszufiltern, welche davon für aufstrebende Unternehmer*innen von größter Bedeutung sind. Diese Erkenntnisse sollen ihnen dabei helfen, kluge und fundierte Entscheidungen zu treffen, wenn es darum geht, ihre Geschäftstätigkeit erfolgreich in ausländische Märkte auszudehnen.

Darüber hinaus widmet sich diese Arbeit der Frage, ob die Nachhaltigkeitsbemühungen von den Unternehmen, wie sie in sozialen Medien propagiert wird, tatsächlich dazu führt, dass Kunden*innen positiver auf die beworbenen Produkte reagieren. Diese Masterarbeit soll klare Erkenntnisse in Bezug auf die Auswirkungen von Nachhaltigkeitsbemühungen auf das Kundenverhalten liefern.

Die Ergebnisse dieser Arbeit sollen jungen Unternehmern, die eine Expansion von Indien in die Vereinigten Staaten von Amerika anstreben und sich auf Nachhaltigkeitsbemühungen konzentrieren möchten, als inspirierende und wertvolle Orientierung dienen.

1.2 Problemstellung

In dieser Forschungsarbeit werden zwei Hauptprobleme in dieser Branche identifiziert und genauer betrachtet. Das erste Problem betrifft die Erfolgsfaktoren im Dropshipping. Es gibt eine Vielzahl von Meinungen, sei es in Form von YouTube-Videos, Expertenmeinungen oder Ansichten von Kleinunternehmern, die in dieser Branche tätig waren oder sind. Das eigentliche Problem besteht darin, die Bedeutung dieser Erfolgsfaktoren zu erkennen und zu verstehen, welche davon entscheidend sind und welche nicht. Es ist nicht immer einfach, die

Ratschläge und Meinungen aus unterschiedlichen Quellen zu filtern und sie in die eigene Geschäftsstrategie zu integrieren. Viele dieser Meinungen sind nicht universell anwendbar und müssen auf die individuellen Gegebenheiten angepasst werden. [1–3]

Das zweite Problem betrifft die steigenden Bemühungen vieler Unternehmen, unabhängig von ihrer Größe, umweltfreundliche Werbemaßnahmen umzusetzen. Die Nachhaltigkeitsbemühungen von den Unternehmen zielen darauf ab, die Kaufentscheidungen der Kunden*innen zu beeinflussen und ein grüneres, nachhaltigeres Image zu schaffen. Diese Bemühungen erfordern erhebliche finanzielle Ressourcen und Aufwand. Dieser Trend kann kleine Unternehmen in der Dropshipping-Branche dazu motivieren, ihre Werbemaßnahmen ebenfalls nachhaltiger zu gestalten und Green Marketing zu betreiben. [4, 5]

Durch die Untersuchung dieser beiden Probleme werden in dieser Forschungsarbeit wertvolle Erkenntnisse gewonnen, die dazu beitragen sollen, die Herausforderungen der Dropshipping-Branche besser zu verstehen und Lösungsansätze zu entwickeln. Dabei wird auch die Bedeutung von Erfolgsfaktoren und die Auswirkungen von Nachhaltigkeitsbemühungen von den Unternehmen auf die Geschäftspraxis beleuchtet.

1.3 Forschungsfragen

In der Welt des Dropshippings gibt es zahlreiche Meinungen der Experten*innen und YouTube-Videos zu den Erfolgsfaktoren für die Expansion in andere Länder. Doch welche dieser Faktoren sind tatsächlich von entscheidender Bedeutung und können jungen Unternehmen bei ihrer Entwicklung und Expansion von großem Nutzen sein. Daher lautet die erste Forschungsfrage dieser Masterarbeit:

- Welche Erfolgsfaktoren beeinflussen den Erfolg von indischen Dropshipping-Unternehmen, die ihre Geschäftstätigkeit in den USA ausdehnen möchten?

Weiterhin ist es von Bedeutung, jungen und kleinen Unternehmen aufzuzeigen, ob ihre Bemühungen um Nachhaltigkeit und umweltfreundliche Werbung tatsächlich die Kaufentscheidungen ihrer Kunden*innen beeinflussen. Diese Unternehmen verfügen oft über begrenzte Ressourcen, sei es finanziell oder anderweitig. Daher stellt sich die Frage, ob es für sie sinnvoll ist, diese begrenzten Ressourcen in den Nachhaltigkeitsbemühungen zu investieren und somit lautet die zweite Forschungsfrage dieser Arbeit:

- Beeinflusst die Wahrnehmung von Nachhaltigkeitsbemühungen die Kaufentscheidungen der Verbraucher*innen hinsichtlich umweltfreundlicher Produkte und deren Preisbereitschaft?

Um diese Forschungsfrage beantworten zu können wurden drei Hypothesen aufgestellt:

- Eine positive Wahrnehmung der Umweltbemühungen eines Unternehmens führt dazu, dass Menschen sagen, dass sie bereit sind, mehr für umweltfreundlichere Produkte zu bezahlen.
- Die Verbraucher*innen geben an, dass sie dazu neigen, bei Unternehmen einzukaufen, die sich für den Umweltschutz einsetzen, wenn sie über deren Umweltbemühungen informiert sind.
- Männer geben an, dass sie weniger Wert auf die Umweltfreundlichkeit beim Einkaufen legen im Vergleich zu Frauen und sind daher auch weniger bereit, einen Aufpreis für umweltfreundlichere Produkte zu zahlen.

1.4 Zielsetzung

Das übergeordnete Ziel dieser Arbeit besteht darin, relevante Forschungsfragen zu beantworten, um sowohl etablierten als auch jungen Unternehmen in der Dropshipping-Branche wertvolle Erkenntnisse zu vermitteln. Im Mittelpunkt stehen dabei zwei Hauptaspekte.

Zum einen zielt die Forschung darauf ab, jungen Unternehmer*innen eine klare Vorstellung von den Schlüsselkomponenten und Erfolgsfaktoren in dieser Branche zu vermitteln. Diese Erkenntnisse sollen ihnen dabei helfen, gezieltere Strategien zu entwickeln, um ihre Präsenz zu steigern und erfolgreich zu expandieren.

Des Weiteren konzentriert sich die Arbeit auf die Frage, ob sich die Integration von Nachhaltigkeitsbemühungen in Werbemaßnahmen auszahlt. Hierbei wird untersucht, ob finanzielle Ressourcen in Nachhaltigkeitsbemühungen von den Unternehmen investiert werden sollten oder ob dies unter wirtschaftlichen Gesichtspunkten weniger sinnvoll ist. Diese Erkenntnisse sollen jungen Unternehmen eine fundierte Grundlage bieten, um fundierte Entscheidungen in Bezug auf ihre Marketingstrategien und Ressourcenallokation zu treffen.

Durch die Beantwortung dieser Forschungsfragen sollen junge Unternehmer*innen in der Dropshipping-Branche besser in der Lage sein, ihre Geschäftsstrategien zu optimieren und langfristigen Erfolg zu erzielen, sei es durch die

Identifizierung entscheidender Erfolgsfaktoren oder die Bewertung des Potenzials von Nachhaltigkeitsbemühungen.

1.5 Nichtziele, Ausschließungen oder Einschränkungen

Die vorliegende Masterarbeit konzentriert sich auf zwei zentrale Themen, nämlich die Erfolgsfaktoren des Dropshipping-Modells und die Integration von Nachhaltigkeitsbemühungen in Werbemaßnahmen. Der Fokus erstreckt sich dabei auf zwei ausgewählte Länder, während andere potenzielle Dropshipping-Märkte außer Acht gelassen werden. Diese gezielte Beschränkung ermöglicht eine tiefgehende Analyse der ausgewählten Länder im Kontext von Erfolgsfaktoren und nachhaltigem Marketing.

In diesem Kontext werden jedoch bewusst einige Aspekte ausgeklammert, um eine klare Fokussierung auf die Hauptthemen zu ermöglichen. Ein solcher Aspekt ist die Vernachlässigung rechtlicher Grundlagen, einschließlich Steuer- und Lieferkettengesetzen, in verschiedenen Ländern. Diese Entscheidung ermöglicht eine konzentrierte Betrachtung der Erfolgsfaktoren und Nachhaltigkeitsbemühungen, ohne die Analyse durch komplexe rechtliche Rahmenbedingungen zu beeinträchtigen.

Des Weiteren bleibt das Thema Währung und Finanzwesen beim Dropshipping bewusst oberflächlich betrachtet, um den Fokus auf die Hauptthemen nicht zu verlieren. Die finanziellen und währungsbezogenen Aspekte könnten jedoch in zukünftigen Forschungen vertieft werden, um ein umfassenderes Verständnis zu gewinnen.

Auch rechtliche Aspekte bezüglich Compliance, Datenschutz und Sicherheit werden in dieser Arbeit nicht im Detail behandelt. Dies ermöglicht eine klare Strukturierung der Forschung und legt den Grundstein für potenzielle Erweiterungen und Vertiefungen in diesen spezifischen Themenbereichen.

Zusammenfassend erfolgt in dieser Arbeit eine zielgerichtete Analyse der Erfolgsfaktoren und nachhaltigen Werbemaßnahmen im Dropshipping-Modell, wobei die Fokussierung auf zwei ausgewählte Länder eine gezielte und aussagekräftige Untersuchung ermöglicht. Die bewusste Beschränkung auf bestimmte Themenfelder schafft eine klare Struktur und legt die Grundlage für weiterführende Forschungen in spezifischeren Kontexten.

1.6 Lösungsansatz

Die Forschungsfragen dieser Arbeit werden mithilfe von zwei verschiedenen Methoden umfassend beantwortet. Zunächst erfolgt eine eingehende Literaturrecherche zu den jeweiligen Themen. Diese ermöglicht es, die wichtigsten verfügbaren Informationen zu sammeln und das bestehende Wissen auf dem Gebiet zu identifizieren.

Für die Beantwortung der ersten Forschungsfrage wird auf Experteninterviews zurückgegriffen. Dies ermöglicht eine tiefgehende Analyse und Einblicke von Fachleuten, um die Frage umfassend zu beantworten. Die Experteninterviews sind eine wertvolle Quelle für Einblicke und Einschätzungen aus erster Hand.

Die zweite Forschungsfrage wird mithilfe von Online-Umfragen behandelt. Dies ermöglicht es, die Meinungen und Erfahrungen einer breiteren Gruppe von Personen zu erfassen und quantifizierbare Daten zu generieren. Für die Untersuchung werden Personen im Alter von 15 bis 35 Jahren befragt. Die Kombination dieser drei Methoden gewährleistet eine gründliche und vielseitige Untersuchung der Forschungsfragen in dieser Masterarbeit.

Die Logistik 2

Der Begriff „Logistik" hat seit den 1950er Jahren in den Vereinigten Staaten von Amerika an Bedeutung gewonnen und ist seither zu einem unverzichtbaren Element in der Unternehmenswelt avanciert. Fast alle Industrieunternehmen verfügen heutzutage entweder über eigene Logistikabteilungen oder nehmen die Dienstleistungen spezialisierter Logistikunternehmen in Anspruch. In verschiedenen Definitionen wird die Logistik als umfassender Begriff betrachtet, der sämtliche logistischen Prozesse und damit verbundene Aktivitäten einschließt. [6]

Dies schließt den effizienten Transport von Waren, die Lagerung von Produkten, Be- und Entladetätigkeiten, Ein- und Auslagerungen sowie das präzise Kommissionieren mit ein. Zentral für die Logistik ist die bedarfsgerechte Verfügbarkeit von Objekten, wobei diese Objekte Sachgüter, Materialien, Personen oder Informationen innerhalb eines Unternehmens sein können. Logistische Prozesse sind entscheidend für die optimale Ressourcennutzung eines Unternehmens und gewährleisten reibungslose Abläufe in der gesamten Wertschöpfungskette. Insgesamt spielt die Logistik eine Schlüsselrolle in der effizienten Versorgung und Organisation innerhalb eines Unternehmens. [6]

Ergänzende Information Die elektronische Version dieses Kapitels enthält Zusatzmaterial, auf das über folgenden Link zugegriffen werden kann https://doi.org/10.1007/978-3-658-47602-1_2.

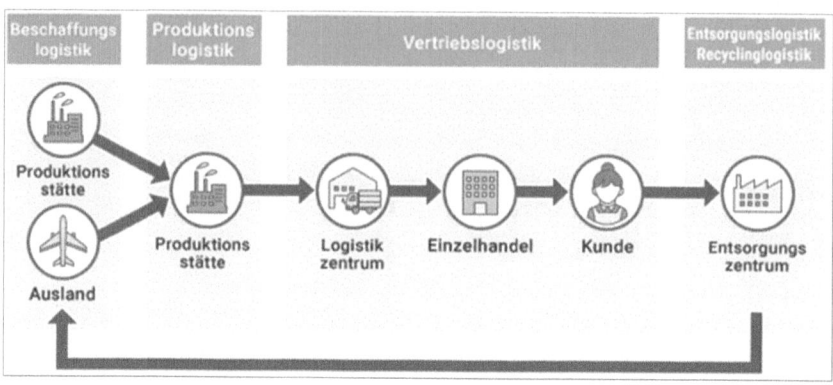

Abbildung 2.1 Logistikbereiche [7]

In Abbildung 2.1 wird das Grundmodell der Logistik dargestellt, welches die fünf Hauptbereiche der Logistik umfasst. Die Logistikabläufe sind in folgender Reihenfolge angeordnet: Die Beschaffungslogistik steht an erster Stelle, gefolgt von der Produktionslogistik. Anschließend kommt die Distributionslogistik, und zum Schluss steht die Entsorgungs- und Recyclinglogistik. Die Beschaffungslogistik veranschaulicht den Weg von den Lieferanten*innen bis zum Rohwarenlager. Die Produktionslogistik umfasst die Fertigung von Endprodukten. Die Distributionslogistik, auch als Vertriebslogistik bekannt, beschreibt die Aktivitäten von Groß- und Einzelhändler*innen sowie Spediteuren, die das Vertriebsnetzwerk bilden. [8, 9]

2.1 Beschaffungslogistik

Die Beschaffungslogistik stellt die Verbindung zwischen der Distributionslogistik und der Produktionslogistik dar. Die Hauptaufgabe der Beschaffungslogistik ist, die rechtzeitige Verfügbarkeit von Rohmaterialien, Hilfsgüter, Betriebsstoffe, Kaufteile und Handelswaren sicherzustellen. Dies wird durch den Einkauf gesteuert und es wird dabei auf die rechtlichen und physischen geachtet. Des Weiteren beinhaltet die Beschaffungslogistik drei Unteraufgaben und diese sind, zum ersten die Sicherstellung aktueller Lieferkapazitäten, zum zweiten die Pflege vorhandener Kapazitäten und zum dritten die Planung der zukünftig benötigten Lieferkapazitäten. Um den Markt bezüglich der Lieferkapazitäten zu analysieren, wird die Beschaffungsmarketing genutzt. Die Lieferkapazitäten werden durch

2.1 Beschaffungslogistik

die Güter- und Informationseinflüssen beeinflusst. Die Kontrollspanne setzt klare Regeln für die Lieferanten*innen und den Abnehmer*innen in der Beschaffungslogistik an. Somit haben beide Stakeholdern in diesem Bereich der Logistik ihre Sicherheit und können Risiken vermeiden. Ein konkretes Beispiel für solche Kontrollspannen sind die Incoterms. [10]

Der Begriff „Incoterms" ist die Abkürzung für „International Commercial Terms". Erstmals wurden diese im Jahr 1936 von der Internationalen Handelskammer (ICC) in Paris veröffentlicht. Seitdem haben im Verlauf der Jahre mehrere Aktualisierungen stattgefunden, wobei die letzte im Jahr 2020 erfolgte und die nächste für das Jahr 2030 geplant ist. Diese zehnjährigen Überarbeitungen dienen dazu, die Regelungen an neue Gegebenheiten anzupassen. Die Incoterms dienen als eine einheitliche Grundlage für handelsübliche Vertragsformeln. Insgesamt gibt es derzeit elf Regelungen, die, obwohl sie nicht als gesetzliche Vorschriften gelten, als Basis für Handelsverträge dienen können. Viele Unternehmen nutzen sie, um eine einheitliche Vertragsbasis zu schaffen, was die Kommunikation und Vertragsbildung zwischen Lieferanten*innen und Abnehmer*innen vereinfacht. Der Mehrwert der Incoterms liegt in ihrer Standardisierung und den klaren Regeln, die sie vorgeben. [11]

Tabelle 2.1 Incoterms Übersicht [12]

E-Gruppe	F-Gruppe	C-Gruppe	D-Gruppe
• Holschuld Kosten- und Gefahrübergang am Lieferort	• Schickschuld (Versendungskauf) Kosten- und Gefahrübergang am Lieferort	• Schickschuld (Versendungsverkauf) 2-Punkt-Klausel: Gefahr- und Kostenübergang fallen auseinander	• Bringschuld Kosten- und Gefahrübergang am Bestimmungsort

Die Tabelle 2.1 zeigt eine Übersicht von den Incoterms. Die Bestimmungen von den Incoterms werden in vier Gruppen unterteilt. Die Gruppe E behandelt die Abholklauseln für Waren, während die Gruppe F Absendeklauseln ohne Übernahme der Transportkosten durch die Verkäufer*innen umfasst. Die Gruppe C steht im Gegensatz dazu für Absendeklauseln mit Kostenübernahme für den Transport durch die Verkäufer*innen. Abschließend steht die Gruppe D für Ankunftsklauseln, die die Regelungen für die Lieferung bei Ankunft definieren. In ihrer Gesamtheit bieten die Incoterms eine wichtige Grundlage für den internationalen Handel, indem sie Klarheit und Struktur in den Handelsprozess bringen. [11, 12]

2.2 Produktionslogistik

Die Produktionslogistik ist ein breites Feld, das sich mit einer Vielzahl von Themen befasst und dabei mehrere Ziele simultan verfolgt. Eine ihrer zentralen Aufgaben besteht in der effizienten Fertigung der Endprodukte. Hierbei entstehen verschiedene Zielsetzungen, die in ihrer Gesamtheit den Erfolg eines Unternehmens maßgeblich beeinflussen. Dazu gehört nicht nur die reine Produktion der Waren, sondern auch die Optimierung von Prozessen, die Sicherstellung einer termingerechten Fertigung, die Minimierung von Kosten und Ressourcen sowie die kontinuierliche Verbesserung der Gesamtleistung (Abbildung 2.2). [13]

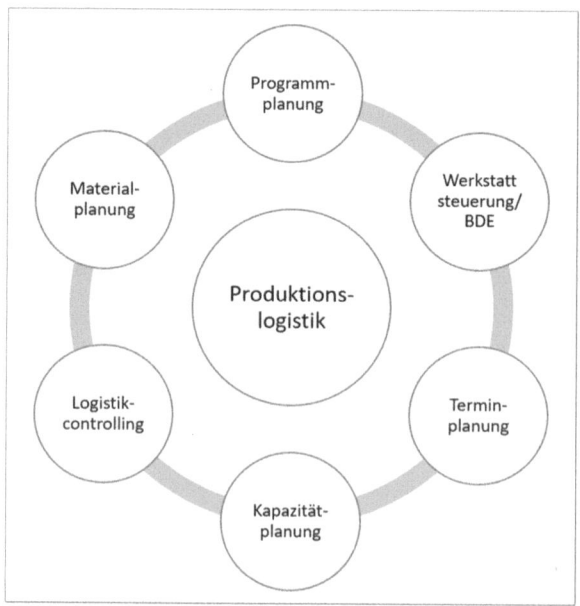

Abbildung 2.2 Hauptaufgaben der Produktionslogistik [13]

Die obenstehende Grafik 2.2 veranschaulicht die Hauptaufgaben der Produktionslogistik, die dann weiter in Unterkategorien unterteilt werden können. Die Programmplanung konzentriert sich auf die Planung der zu fertigenden Produkte innerhalb des vorgegebenen Produktsortiments. Die Materialplanung stellt sicher,

2.2 Produktionslogistik

dass ausreichend Rohmaterial für die Fertigung vorhanden ist. Das Logistikcontrolling strebt die Optimierung der Produktionsabläufe an. Die Kapazitätsplanung übernimmt eine ähnliche Funktion wie die Materialplanung, indem sie die Kapazitätsbelegung der Betriebsmittel steuert. Des Weiteren müssen die Liefer- und Fertigungstermine kalkuliert werden. Die Werkstattsteuerung repräsentiert einen Rückmeldeprozess, der Transparenz zwischen dem Betriebsgeschehen und den Fertigungsprozessen schafft. Zusammen bilden diese Aufgabenbereiche ein integriertes System, das eine effiziente und gut koordinierte Produktionslogistik gewährleistet. [13]

Tabelle 2.2 Ziele der Produktionslogistik [13]

Ziele der Produktionslogistik		
Zeit	**Mengen**	**Finanzen**
Durchlaufzeit reduzieren	Bestände reduzieren	Kapitalrendite erhöhen
Termineinhaltung gewährleisten	Servicegrad erhöhen	Deckungsbeitrag erhöhen
Nutzungszeiten vergrößern	Ausbringung steigern	Fertigungskosten senken
		Lagerkosten senken
		Liquidität verbessern

In der Tabelle 2.2 werden die Ziele der Produktionslogistik dargestellt. Die Ziele in der Produktionslogistik lassen sich in drei bedeutende Gruppen unterteilen, die jeweils auf unterschiedliche Aspekte abzielen: Zeit, Mengen und Finanzen. Im Bereich der Zeitoptimierung strebt ein Unternehmen an, die Durchlaufzeiten zu minimieren und die pünktliche Einhaltung von Terminen sicherzustellen. Ein weiterer Fokus liegt darauf, die Nutzungszeiten von Maschinen zu maximieren, um die Effizienz zu steigern. In der Gruppe Mengen steht zunächst die Reduzierung von Beständen im Vordergrund, was wiederum zu einer Senkung der Logistikkosten führen kann. Die Erhöhung des Servicegrads sowie die Steigerung der Gesamtausbringung sind ebenfalls essenzielle Ziele dieser

Gruppe. Die Finanzgruppe verfolgt mehrere Ziele gleichzeitig, darunter die Erhöhung der Kapitalrendite und des Deckungsbeitrags. Gleichzeitig sollen Lager- und Fertigungskosten gesenkt werden, um die finanzielle Effizienz zu steigern. Abschließend gehört zu den Zielen dieser Gruppe die Erhöhung der Liquidität, um eine solide finanzielle Grundlage zu gewährleisten. Insgesamt stellen diese diversen Zielsetzungen sicher, dass die Produktionslogistik nicht nur auf Effizienz und Kostenreduktion abzielt, sondern auch die Gesamtperformance und Finanzgesundheit des Unternehmens stärkt. [13]

2.3 Vertriebslogistik

In der Logistik steht die Vertriebslogistik, auch als Distributionslogistik bekannt, an dritter Stelle (siehe Abbildung 2.1) und stellt die erste Schnittstelle zu den Kunden*innen dar. Dadurch können die Anforderungen an die Beschaffungs- und Produktionslogistik anhand dieses Glieds definiert werden. [14]

Die Distributionslogistik, als essenzieller Bestandteil der gesamten Lieferkette, ist verantwortlich für sämtliche Abläufe, die mit der Versorgung von Waren verbunden sind. Die Bereitstellung dieser Waren für die Kunden*innen erfolgt entweder direkt von der Produktionsstätte oder aus dem Absatzlager. Alternativ dazu können Lieferungen auch ihren Ausgangspunkt in regionalen Auslieferungslagern haben. [14]

Die Unterscheidung zwischen Absatz- und Distributionslogistik liegt in ihren spezialisierten Funktionen. Die Absatzlogistik fokussiert sich auf die Beschaffung von Kundenkapazitäten, wobei Marktforschung dazu dient, diese Kapazitäten zu erkennen und zu analysieren. Die Distributionslogistik hingegen setzt auf die Nutzung dieser geschaffenen Kundenkapazitäten und folgt dabei dem Bring- oder Holprinzip. Das bedeutet, dass die Waren entweder direkt an die Endkunden*innen geliefert oder zu weiteren Lieferanten*innen transportiert werden können. Hierbei steht die Lieferung im Mittelpunkt, und sie orientiert sich an den individuellen Bedürfnissen der Kunden*innen. Diese kundenorientierte Ausrichtung macht die Distributionslogistik zu einem wesentlichen Bestandteil eines effizienten und kundenfreundlichen Logistiksystems. [10]

Eines der wesentlichen Ziele der Distributionslogistik ist, eine hohes Lieferservice anzubieten, welcher sich durch folgende Parameter zusammensetzt:

- Lieferzeit
- Lieferzuverlässigkeit
- Lieferbereitschaft

2.3 Vertriebslogistik

Die **Lieferzeit**, definiert sich als der Zeitraum zwischen der Auslösung einer Bestellung und der tatsächlichen Ankunft der Ware bei den Kunden*innen, unterliegt verschiedenen Einflussfaktoren. Ein entscheidender Parameter dafür ist, ob die bestellte Ware bereits auf Lager liegt oder erst nach Eingang der Bestellung produziert werden muss. Diese Unterscheidung kann erheblichen Einfluss auf die Gesamtdauer bis zur Auslieferung haben. [15]

Ein weiterer bedeutender Faktor, der die Lieferzeit beeinflusst, ist die Wahl des Transportmodus. Die Frage nach dem gewünschten Zeitpunkt der Warenzustellung durch den Kunden*innen spielt hierbei eine zentrale Rolle. Die Entscheidung, ob der Transport per Flugzeug für eine schnellere Zustellung oder per Schiff für eine kostengünstigere, jedoch zeitaufwendigere Lieferung erfolgt, hat direkte Auswirkungen auf die Lieferzeitspanne. Zudem werden die Transportkosten entsprechend der gewählten Lieferzeit und des Transportmittels kalkuliert.[15]

Diese verschiedenen Faktoren verdeutlichen die Vielschichtigkeit der Lieferzeitgestaltung. Sie erfordert nicht nur logistisches Geschick, sondern auch eine genaue Abstimmung auf die individuellen Anforderungen und Wünsche der Kunden*innen. Eine effektive Planung der Lieferzeit spielt somit eine zentrale Rolle im zeitgemäßen Handels- und Logistikmanagement. [15]

Die **Lieferzuverlässigkeit** ist ein entscheidendes Maß dafür, inwieweit ein Unternehmen in der Lage ist, die Erwartungen seiner Kunden*innen zu erfüllen. Sie spiegelt wider, in welchem Umfang die Bestellungen der Kunden*innen termingerecht und vollständig bearbeitet wurden. Die Lieferzuverlässigkeit lässt sich durch eine präzise Formel ermitteln, die Einblicke in die Performance des Unternehmens im Hinblick auf die Auftragserfüllung gewährt. [15]

$$\text{Lieferzuverlässigkeit} = \frac{\text{Reklamationsfreie Lieferungen}}{\text{Anzahl aller Lieferungen}}$$

Formel 2.1 Lieferzuverlässigkeit [15]

Die Lieferzuverlässigkeit wird durch die Formel 2.1 dargestellt. Hierbei gilt: Je näher das Ergebnis dieser Formel an den Wert „eins" liegt, desto höher ist die Kundenzufriedenheit. Ein geringerer Wert hingegen deutet auf vermehrte Reklamationen bezüglich der Lieferungen hin und führt automatisch zu steigenden Auftragskosten. [15]

Die **Lieferbereitschaft** eines Unternehmens bezeichnet die Fähigkeit, Bestellungen innerhalb eines angemessenen Zeitrahmens zu erfüllen. Diese Kennzahl gibt Aufschluss darüber, wie zuverlässig ein Unternehmen in der Lage ist, Bestellungen rechtzeitig auszuliefern, und kann auch mithilfe einer spezifischen Formel quantifiziert werden. [15]

$$\text{Lieferbereitschaft} = \frac{\text{Zahl der fristgerechten Auslieferungen}}{\text{Anzahl aller Bestellungen}}$$

Formel 2.2 Lieferbereitschaft [15]

In diesem Zusammenhang gilt die Regel, dass je näher das Ergebnis dieser Formel an den Wert „eins" heranreicht, desto vorteilhafter ist es für die Unternehmen. Dies wird erreicht, wenn die bestellte Ware im Lager vorhanden ist. Allerdings wird darauf geachtet, das Lager nicht übermäßig zu befüllen, um die Lagerkosten niedrig zu halten. [15]

Der traditionelle Weg von einer Bestellung bis zu einer Lieferung sieht folgendermaßen aus:

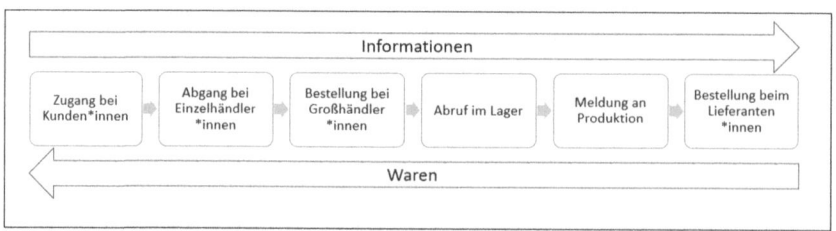

Abbildung 2.3 Informations- und Warenfluss [15]

Die Abbildung 2.3 veranschaulicht auf einfache Weise den Fluss von Informationen, beginnend bei den Kunden*innen bis hin zur Bestellung bei den Lieferanten*innen. Im Gegenzug folgen die Waren dann in umgekehrter Reihenfolge. Diese Darstellung bietet eine grundlegende Erklärung für den Austausch von Informationen und den Warenfluss. Es ist zu beachten, dass dabei Faktoren wie Lagerstandorte, Transportmittel und Kommissionierung nicht berücksichtigt werden. [15]

2.3 Vertriebslogistik

Das Thema dieser Arbeit ist Dropshipping, und in der Lieferkette der Logistik kommt Dropshipping in der Vertriebslogistik vor. Denn es ersetzt die traditionelle Art der Belieferung an Kunden*innen durch die neue Art. Die kann anhand den Abbildungen 2.4 und 2.5 deutlicher erkannt werden. [15]

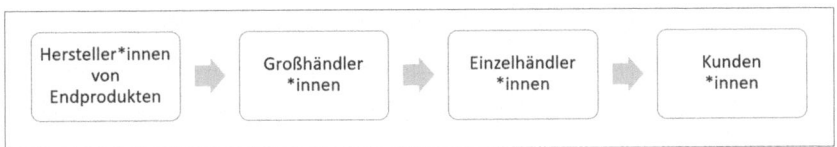

Abbildung 2.4 Traditionelle Lieferkette [8]

In Abbildung 2.4 wird der Weg der Ware von den Hersteller*innen der Endprodukte zu den Großhändler*innen und anschließend zu den Einzelhändler*innen dargestellt, bevor sie schließlich den Konsumenten*innen erreicht. In diesem traditionellen Modell verfügen Großhändler*innen und Einzelhändler*innen über Lagerbestände. Die Konsument*innen erwerben die Ware von Einzelhändler*innen, dieser wiederum vom Großhändler*innen, und die Großhändler*innen beziehen die Produkte vom Produzenten*innen, den Hersteller*innen der Endprodukte. Im Fall von Dropshipping zeigt Abbildung 2.5 eine alternative Lieferkette und einen anderen Informationsfluss. [8, 16]

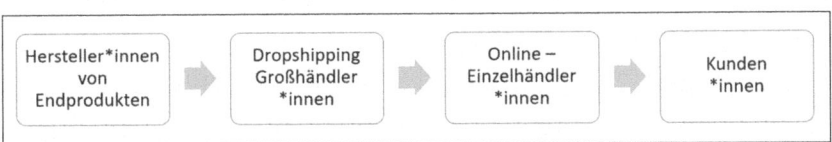

Abbildung 2.5 Dropshipping Lieferkette [8]

In der obenstehenden Abbildung wird eine transformative Veränderung in der traditionellen Lieferkette aufgezeigt. Statt den herkömmlichen Großhändler*innen treten die Lieferant*innen auf, die eng mit sogenannten Dropshipper*innen zusammenarbeiten. Anstelle der physischen Einzelhändler*innen gibt es nun die Online-Einzelhändler*innen – die Dropshipper*innen selbst. Diese Online-Einzelhändler*innen unterscheiden sich grundlegend zu den traditionellen

Einzelhändler*innen, da diese über keine Lagerkapazitäten verfügen. Die Bestellungen der Kunden*innen erfolgen über eine Online-Plattform, die direkt an die Dropshipping-Großhändler*innen weitergeleitet werden.

Im Vergleich zur traditionellen Lieferkette, in der die Einzelhändler*innen physische Geschäfte oder Lagerhäuser betreiben, besitzen die Dropshipper*innen lediglich eine virtuelle Präsenz in Form einer Online-Webseite. Ein entscheidender Unterschied besteht darin, dass die Kundenbestellungen direkt an die Dropshipping-Großhändler*innen oder die Hersteller*innen der Endprodukte weitergeleitet werden. Diese innovative Lieferkettenmethode führt dazu, dass Lagerkosten für die Einzelhändler*innen eliminiert werden.

Diese Umstellung bietet nicht nur einen neuen Ansatz für den Handel, sondern adressiert auch die Effizienz und Kostenstrukturen in der heutigen E-Commerce-Landschaft. [8]

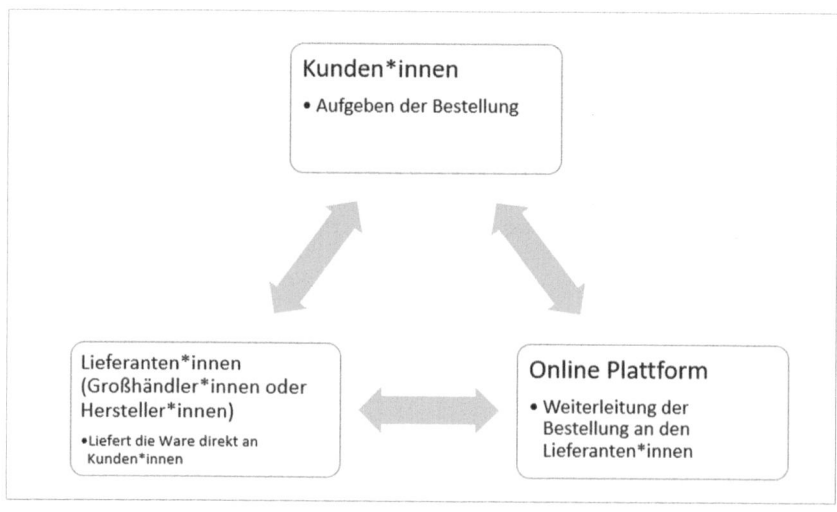

Abbildung 2.6 Dropshipping Modell [17]

In Abbildung 2.6 wird das Dropshipping-Modell in vereinfachter Form dargestellt, wobei ein entscheidendes Kettenglied zusammengefasst wird – die Lieferant*innen, die entweder die Hersteller*innen selbst oder Großhändler*innen sein können. Die zentralen Aufgaben im Dropshipping umfassen die Verwaltung der Online-Plattform, das Marketing der angebotenen Produkte sowie die dazugehörige Produktrecherche. [17]

Der entscheidende Vorteil dieses Modells liegt darin, dass Dropshipper*innen keine physischen Lager vorhalten müssen. Diese Struktur ermöglicht es, sich auf den Verkauf zu konzentrieren, da die herkömmlichen Lagerkosten und damit verbundenen logistischen Aktivitäten wegfallen. Die Fokussierung auf Vertriebs- und Marketingaktivitäten verschafft dem Dropshipper*innen mehr Spielraum, sich auf kundenorientierte Aspekte wie die Optimierung des Online-Auftritts, die Pflege von Marketingstrategien und die Auswahl attraktiver Produkte zu konzentrieren. Somit bietet das Dropshipping-Modell nicht nur eine innovative Lieferkettenlösung, sondern optimiert auch betriebliche Abläufe im E-Commerce-Bereich. [17]

2.4 Entsorgungslogistik

In den unterschiedlichen Sektoren der Logistik nimmt die Entsorgungslogistik einen finalen Platz ein, und ihre Entwicklung lässt sich aus einem historischen Blickwinkel betrachten, der uns in die 1980er Jahre führt. Bis zum Abschluss des Mittelalters herrschte die Denkweise vor, alle noch brauchbaren Güter zu reparieren oder durch sie andere Waren zu erzeugen, die dann weiterverwendet wurden. Dieser historische Prozess lässt sich mit der gegenwärtigen Recyclinglogistik vergleichen. Der Begriff „Entsorgungslogistik" entstand erst mit der Gründung einer speziellen Einheit in den 1980ern. Diese Einheit setzte sich erstmals systematisch und wissenschaftlich mit der Entsorgung von Produkten auseinander. [9]

Gegenwärtig ist die Entsorgungslogistik eng mit allen anderen Bereichen der Logistik verknüpft, beginnend beim Transport bis hin zu den privaten Haushalten. Dieser Logistikzweig beinhaltet sowohl innerbetriebliche als auch außerbetriebliche Entsorgungsgüter. Das Hauptziel dieses Logistikbereichs ist die Reduzierung, das Recycling und die ordnungsgemäße Beseitigung von Entsorgungsgütern. Die moderne Entsorgungslogistik spielt somit eine zentrale Rolle im umfassenden Nachhaltigkeitsansatz, indem sie einen effizienten und verantwortungsbewussten Umgang mit Ressourcen fördert und gleichzeitig umweltfreundliche Praktiken vorantreibt. [9]

Im Einklang mit den anderen drei Bereichen der Logistik beinhaltet die Entsorgungslogistik eine Vielzahl von Aufgaben, die von der Planung über die Steuerung bis zur Durchführung und Kontrolle reichen. Trotz dieser Ähnlichkeiten offenbart sich ein entscheidender Unterschied: Der Prozess der Entsorgungslogistik verläuft in entgegengesetzter Richtung im Vergleich zu den traditionellen Logistikabläufen. Hier steht nicht der Weg vom Rohmaterial zum Endprodukt im Fokus, sondern der umgekehrte Pfad vom Endprodukt zum Rohmaterial. [9]

Diese Umkehrung des Logistikprozesses verdeutlicht die Herausforderungen und Anforderungen der Entsorgungslogistik, da sie nicht nur die physische Bewegung von Produkten betrifft, sondern auch die Rückführung von Endprodukten in den Produktionskreislauf. Dies erfordert eine präzise Koordination, um sicherzustellen, dass die zurückgewonnenen Materialien effizient und ressourceneffektiv wiederverwendet oder recycelt werden können. [9]

Die Entsorgungslogistik spielt somit eine essenzielle Rolle im Streben nach Kreislaufwirtschaft und nachhaltiger Ressourcennutzung. Durch die effektive Rückführung von Produkten und Materialien in den Produktionsprozess trägt sie maßgeblich dazu bei, den ökologischen Fußabdruck zu minimieren und die Umweltauswirkungen zu reduzieren. [9]

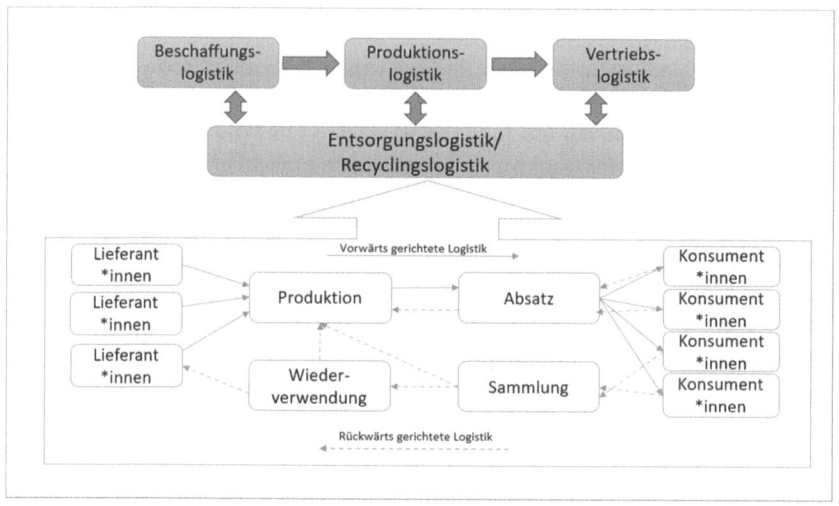

Abbildung 2.7 Entsorgungslogistik [9]

In Abbildung 2.7 wird deutlich, wie die Entsorgungslogistik mit sämtlichen Bereichen der Logistik verbunden ist. Die Grafik verdeutlicht sowohl die vorwärtsgerichtete Logistik, die für die Herstellung von Waren zuständig ist, als auch die rückwärtsgerichtete Logistik, die sich mit der Entsorgung befasst. Diese Verbindung zwischen den verschiedenen logistischen Bereichen ermöglicht eine ganzheitliche Betrachtung und effiziente Koordination der Prozesse – sei es im Vorwärtsfluss bei der Warenproduktion oder im Rückwärtsfluss bei der Entsorgung. [9]

E-Commerce 3

E-Commerce, eine Abkürzung für Electronic Commerce, steht für die Transformation des traditionellen Handels durch die Digitalisierung. Dieser Begriff wird auch als Online-Handel, Internet-Handel oder Online-Shopping bezeichnet. Hierbei wird der gesamte Handelsprozess durch digitale Technologien revolutioniert, von der Auswahl und Bestellung von Produkten bis zur Bezahlung und Lieferung, und dass alles bequem über das Internet. [18]

Im E-Commerce erfolgt der Kauf von Waren oder Dienstleistungen über das Internet. Dies bedeutet, dass der gesamte Transaktionsprozess, angefangen beim Suchen und Auswählen bis hin zum Bestellen und Bezahlen, elektronisch abläuft. Hierbei werden interaktive Informations- und Kommunikationstechnologien genutzt, um diesen Prozess zu ermöglichen. Der Online-Handel hat sowohl für Groß- als auch Einzelhändler*innen neue Vertriebskanäle eröffnet. Der Einfluss des E-Commerce auf den Kaufentscheidungsprozess ist signifikant. Konsumenten*innen haben die Möglichkeit, Produkte online anzusehen, Preise zu vergleichen, Rezensionen zu lesen und Erfahrungen aus sozialen Netzwerken zu sammeln, bevor sie überhaupt eine Kaufentscheidung treffen oder eine Bestellung aufgeben. Mobile Geräte spielen eine entscheidende Rolle im E-Commerce, da Kaufentscheidungen heutzutage stark von sozialen Netzwerken beeinflusst werden, und rund die Hälfte der Online-Bestellungen über Smartphones oder Tablets getätigt wird. Daher sind Handelsunternehmen bestrebt, ihre Vertriebskanäle zu erweitern und zu digitalisieren, um den Anforderungen der modernen, digitalen Kundschaft gerecht zu werden. [19]

Ergänzende Information Die elektronische Version dieses Kapitels enthält Zusatzmaterial, auf das über folgenden Link zugegriffen werden kann https://doi.org/10.1007/978-3-658-47602-1_3.

© Der/die Autor(en), exklusiv lizenziert an Springer Fachmedien Wiesbaden GmbH, ein Teil von Springer Nature 2025
A. S. Kainth, *Dropshipping Expansion von Indien in die Vereinigten Staaten von Amerika*, BestMasters, https://doi.org/10.1007/978-3-658-47602-1_3

Im E-Commerce nimmt der Transaktionsprozess eine zentrale Rolle ein. Die Transaktion bezieht sich auf den Vorgang, bei dem das Eigentums- oder Nutzungsrecht an einem Produkt von einem Unternehmen oder einer Person auf ein anderes Unternehmen oder eine andere Person übergeht. Dieser Prozess ist eng mit Transaktionskosten verbunden, die von den Aufwendungen und dem Preis der Ware oder Dienstleistung abhängen. [18]

Im E-Commerce ist es wichtig zu betonen, dass der Kaufprozess nicht zwingend vollständig elektronisch ablaufen muss, da die physische Lieferung von Waren eine notwendige physische Komponente darstellt. Es gibt jedoch auch digitale Güter wie E-Bücher oder E-Musik, die vollständig elektronisch bereitgestellt werden können. Diese Art von Warentransport wird als Onlinedistribution bezeichnet, wobei die Güter für die Kunden*innen zum Herunterladen verfügbar sind. [18]

Die Produkte oder Dienstleistungen, die zum Verkauf oder zur Vermietung angeboten werden, sind in Online-Shops, auch als Webshops bekannt, verfügbar. Hierbei wird zwischen B2C (Business-to-Consumer) und B2B (Business-to-Business) Online-Shops unterschieden. Ein weiterer Begriff, der im E-Commerce relevant ist, ist D2C (Direct-to-Consumer). D2C bedeutet nicht anders als, wenn die Hersteller*innen der Ware, die Güter selbst an die Konsumenten*innen über einem Onlineshop verkaufen. [18]

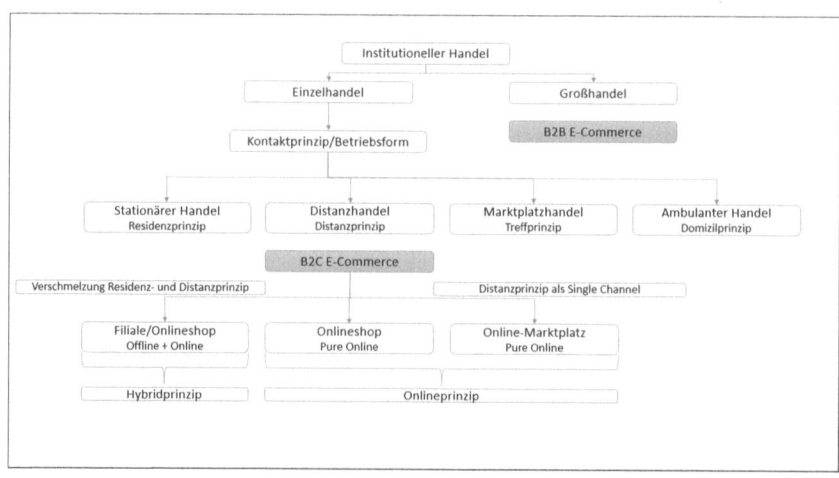

Abbildung 3.1 Kontaktprinzipien im Einzelhandel [18]

Abbildung 3.1 veranschaulicht die wesentlichen Unterschiede zwischen Einzel- und Großhandel. Der Großhandel fokussiert sich primär auf Geschäftsbeziehungen zwischen Unternehmen, also auf den B2B-Bereich, wo vorrangig große Kunden*innen bzw. andere Unternehmen bedient werden. Im Gegensatz dazu präsentiert sich der Einzelhandel als vielseitiger und direkter Weg zur Interaktion mit Endkunden*innen. Wie in der Grafik ersichtlich, bietet der Einzelhandel diverse Zugangsmöglichkeiten zu Konsumenten*innen, sei es durch physische Ladengeschäfte oder über Online-Plattformen.

Einige Unternehmen nutzen dabei ein sogenanntes Hybridmodell, indem sie sowohl über physische Filialen als auch über einen Online-Shop verfügen. Diese Kombination ermöglicht es ihnen, ein breiteres Spektrum an Kundenbedürfnissen abzudecken und sowohl die Vorteile des traditionellen Handels als auch des E-Commerce zu nutzen. Im Kontrast dazu steht das reine Online-Prinzip, wie es beispielsweise beim Dropshipping angewendet wird, wo Unternehmen ganz ohne physische Ladenflächen auskommen. Diese unterschiedlichen Ansätze unterstreichen die Flexibilität und Anpassungsfähigkeit des modernen Handels, um unterschiedliche Kundensegmente und -präferenzen gezielt anzusprechen.

3.1 Der Unterschied zwischen B2B und B2C

Für ein Unternehmen ist die entscheidende Frage, welchen Markt es anstrebt. Wenn ein Unternehmen seine Produkte oder Dienstleistungen an andere Unternehmen verkauft oder bereitstellt, bezeichnet man dies als B2B-Geschäft. B2B steht für Business to Business und bedeutet auf Deutsch nichts anderes als "Unternehmen zu Unternehmen". Diese Unternehmen können Hersteller*innen sein, die mit anderen Großhändler*innen oder Einzelhändler*innen zusammenarbeiten. Im Gegensatz dazu gibt es die B2C-Variante, die das Geschäft zwischen einem Unternehmen und Verbraucher*innen beschreibt. Hier erfolgt der Verkauf von Waren oder Dienstleistungen direkt an Endverbraucher*innen. B2C steht für Business to Consumer, was auf Deutsch ebenfalls "Unternehmen zu Verbrauchern" bedeutet. [20]

Zusätzlich spielen die Entscheidungsträger beim Kauf eine wichtige Rolle. Im B2C gibt es eine einzelne Person, die die Entscheidung über den Kauf einer Ware oder Dienstleistung trifft. Bei B2B sind es hingegen mehrere Personen, die gemeinsam die Entscheidung für den Kauf der Ware treffen. [20]

Tabelle 3.1 Unterschiede zwischen B2C und B2B [20]

Unterschiede zwischen B2C und B2B		
Kriterien	B2C	B2B
Zielgruppe	Endverbraucher*innen	Unternehmen
Marktgröße	Groß	Klein
Verkaufsvolumen	Niedrig	Hoch
Entscheidungsträger	Individuell	Komitee
Risiko	Niedrig	Hoch
Einkaufprozess	Kurz	Lang
Bezahlung	Oft kurzfristig	Sofortige Zahlung ist nicht erforderlich
Transaktion	Kann bar oder per Karte erfolgen	Erfordert ein komplexeres System
Verbraucherentscheidung	Emotional	Rational
Nachfrage	Wunschbasierend	Bedarfsorientiert
Nutzung der Massenmedien	Essenziell	Vermeidbar

In Tabelle 3.1 werden die Unterschiede zwischen den beiden Geschäftsmodellen anhand verschiedener Kriterien dargestellt. Aufgrund der zahlreichen Differenzen zwischen diesen Geschäftsmodellen ergeben sich direkte Auswirkungen auf die Marketingkommunikation. Der Fokus im Bereich B2C liegt hauptsächlich auf dem direkten Verkauf von Waren oder Dienstleistungen. Im Gegensatz dazu verfolgen B2B-Märkte auch andere Ziele, wie beispielsweise die Schaffung von Kundenloyalität und die Stärkung des Markennamens. [20]

Trotz der vielfältigen Unterschiede in den strategischen Zielen arbeiten beide Geschäftsmodelle kundenorientiert und legen großen Wert auf die Bedürfnisse der Verbraucher*innen von Waren oder Dienstleistungen. Im B2C-Bereich steht der unmittelbare Verkaufsabschluss im Vordergrund, während im B2B-Bereich die Schaffung langfristiger Kundenbindungen und die Entwicklung einer starken Markenidentität als Schlüsselziele gelten. [20]

3.2 Consumer to Consumer

Bei diesem Modell handelt es sich um einen direkten Austausch von Waren oder Dienstleistungen zwischen zwei Konsumenten*innen. Es ist nicht zwingend erforderlich, dass es sich um physische Güter handelt; auch der Austausch von Dienstleistungen ist möglich. Darüber hinaus kann es sich nicht nur um einen Kauf oder Verkauf, sondern auch um eine Vermietung handeln, wobei häufig kleinere Wertgegenstände betroffen sind. [21]

In diesem Modell greift die Regierung oder Unternehmen selten ein, da es sich um Transaktionen zwischen Privatpersonen handelt. Dieses direkte Peer-to-Peer-Modell hat in den letzten Jahren an Bedeutung gewonnen, insbesondere durch die Vermittlung über Online-Plattformen wie eBay, Airbnb oder auch lokale Kleinanzeigenportale. [21]

3.3 Customer to Business

Dieses Modell beschreibt den Handel zwischen einem*r Konsument*in und einem Unternehmen, jedoch mit dem Unterschied, dass der*die Konsument*in in diesem Fall eine Dienstleistung für das Unternehmen erbringt. Diese Dienstleistungen können vielfältig sein, wie zum Beispiel das Erstellen von CAD-Zeichnungen oder die Entwicklung von Website-Codes. Diese Art von Geschäftsmodell hat in den letzten Jahren einen großen Platz auf dem Markt eingenommen, da Menschen nicht mehr ausschließlich für ein bestimmtes Unternehmen arbeiten müssen, sondern als selbstständige Dienstleister*innen tätig sein können und gleichzeitig für mehrere Auftraggeber*innen arbeiten können. Die Konsumenten*innen bieten ihre Dienstleistungen oft über verschiedene Freelancer-Plattformen an. [21]

Freelancing bedeutet nichts anderes als selbstständige Arbeit, bei der der*die Anbieter*in diese Dienstleistung erbringt und seine*ihre eigenen Steuern zahlen. Die Person ist nicht in einem Unternehmen angestellt, sondern bietet seine Dienstleistungen über Online-Plattformen wie Fiverr an. [22]

3.4 Business to Government

Im Business-to-Government (B2G) Modell des E-Commerce rücken die Bedürfnisse der Konsumenten*innen im Vergleich zu anderen Geschäftsmodellen in den Hintergrund, während die Beziehung zwischen Unternehmen und Regierungsbehörden im Vordergrund steht. In diesem Modell verkaufen oder vermieten Unternehmen ihre Produkte und Dienstleistungen an staatliche Einrichtungen, die diese nutzen, um öffentliche Dienstleistungen zu erbringen und somit dem Gemeinwohl zu dienen. Diese Art der Geschäftsbeziehung ist besonders, da sie eine Verbindung zwischen dem privatwirtschaftlichen Sektor und der öffentlichen Verwaltung darstellt und von den Unternehmen ein tiefgehendes Verständnis für öffentliche Ausschreibungsverfahren, strenge Compliance-Richtlinien und ein hohes Maß an Transparenz erfordert. [23]

Für Unternehmen birgt das B2G-Modell sowohl Herausforderungen als auch Möglichkeiten. Einerseits müssen sie sich an komplexe Verfahren und lange Vertragszyklen anpassen, andererseits können sie sich als zuverlässige Partner*innen für hochwertige Lösungen etablieren, die den spezifischen Anforderungen des öffentlichen Sektors entsprechen. Dies eröffnet eine stabile und langfristige Einnahmequelle, unterstützt durch die Sicherheit öffentlicher Haushalte. Insgesamt stellt das B2G-Modell eine wichtige Säule des modernen E-Commerce dar, die eine Brücke zwischen dem privaten und öffentlichen Sektor schlägt. [23]

Dropshipping Modell 4

Wie bereits in vorherigen Kapiteln erwähnt, ist das E-Commerce-Modell Dropshipping zwar nicht neu, wurde jedoch früher nicht so häufig genutzt. In den letzten Jahren hat dieses Modell jedoch eine Bedeutung auf dem Markt gewonnen, da es jungen Unternehmen ermöglicht, sich leichter selbstständig zu machen. Sowohl junge als auch etablierte Unternehmen setzen vermehrt auf das Dropshipping-Modell, um ihre Geschäftsstrategien anzupassen und ihre Wettbewerbsfähigkeit zu steigern. Diese Umstellung ermöglicht es ihnen, ihre betrieblichen Kosten zu optimieren, indem sie auf den Aufbau und die Verwaltung eigener Lagerbestände verzichten. Durch die Auslagerung des Versandprozesses an die Lieferanten*innen können Unternehmen flexibler agieren und ihr Sortiment erweitern, ohne dabei zusätzliche logistische Herausforderungen zu bewältigen. Dieser Ansatz ermöglicht es Unternehmen, sich auf ihr Kerngeschäft zu konzentrieren und gleichzeitig von einem breiteren Produktangebot zu profitieren, was ihre Marktpräsenz stärkt und ihre Wachstumschancen erhöht. Die Attraktivität dieses Modells liegt darin, dass es schnell und einfach gestartet werden kann, da nur geringe Kapitalinvestitionen erforderlich sind und die meisten Prozesse automatisiert werden können. [24]

Das E-Commerce-Modell Dropshipping expandiert kontinuierlich und verzeichnet ein stetiges Wachstum. Mit der zunehmenden Verbreitung des Internets nimmt auch die Bedeutung dieses Marktsegments zu. Immer mehr Verbraucher*innen entscheiden sich für den Online-Einkauf, insbesondere jene, die

---

Ergänzende Information Die elektronische Version dieses Kapitels enthält Zusatzmaterial, auf das über folgenden Link zugegriffen werden kann https://doi.org/10.1007/978-3-658-47602-1_4.

Einkaufszentren meiden möchte. [24] Im Jahr 2022 hatte das Dropshipping-Modell einen Umsatz von etwa 226 Milliarden US-Dollar und es wird erwartet, dass es von 2023 bis 2030 eine durchschnittliche jährliche Wachstumsrate von 23 Prozent verzeichnen wird. [25]

Im Vergleich zu herkömmlichen E-Commerce-Modellen, die oft den Aufbau und die Wartung eines eigenen Lagerbestands erfordern, bietet das Dropshipping-Modell eine alternative Herangehensweise. Eine der markanten Unterschiede liegt darin, dass Dropshipping keine physischen Lager benötigt, da die Ware direkt von Großlieferanten*innen an die Endkunden*innen versendet wird. Dies bedeutet, dass die Dropshipper*innen nicht für die Lagerung und Verwaltung eines Inventars verantwortlich sind. Stattdessen konzentrieren sich die Dropshipper*innen hauptsächlich auf den Bestellprozess, indem sie die Bestellungen von den Kunden*innen entgegennehmen und sie an die Großlieferanten*innen weiterleiten. Die eigentliche Lieferung der Produkte wird dann von Lieferanten*innen durchgeführt. Trotz dieser Trennung bleibt die Dropshipper*innen jedoch eng mit den Großlieferanten*innen verbunden, da sie regelmäßig Einblicke in den digitalen Lagerbestand erhalten, um sicherzustellen, dass die verfügbaren Produkte stets aktualisiert sind und den Kundenbedürfnissen entsprechen. [24]

Darüber hinaus gewinnt das Dropshipping-Modell auch aufgrund der steigenden Anzahl von Dropshipping-Webseiten an Bedeutung. Heutzutage vermarkten Dropshipper*innen eine Vielzahl von Produkten, wodurch Konsumenten*innen eine breite Auswahl haben. Die Dropshipper*innen müssen eine entsprechende Plattform erstellen, auf den Kunden*innen ihre Bestellungen aufgeben können. Diese Plattform, auch als Webseite oder Webshop bekannt, muss eng mit den Lieferanten*innen verbunden sein, wofür die Dropshipper*innen verantwortlich sind. [24] Die genauen Abläufe dieser Tätigkeiten werden in den nachfolgenden Kapiteln erläutert.

Da Dropshipper*innen keine physischen Geschäfte haben, liegt der gesamte Fokus auf ihrer Webseite, auf der sie ihre Produkte verkaufen. Daher gibt es viele komplexe Prozesse bei der Erstellung einer sicheren und ansprechenden Webseite. [24] Dropshipping Webseiten sind nicht leicht zu finden, da es tausende von denen gibt. Viele von diesen Webseiten sind auch Wiederverkäufer*innen oder Vermittler*innen, die Konsumenten*innen zu einem Dropshipping Store hinführen und an sehr kleineren Margen profitieren. [26]

4.1 Der Ablauf des Dropshipping Modells

Abbildung 4.1 Der Ablauf des Dropshipping Modells [1]

Die Abbildung 4.1 erklärt das Dropshipping in drei Schritten. Die drei Stakeholder in diesem Modell sind:

- Die Kunde*innen
- Die Dropshipper*innen
- Die Großlieferant*innen

Als Erstes erfolgt die Bestellung durch die Kunden*innen über eine Webseite, die von einem Dropshipping Unternehmen betrieben wird. Die Webseite muss auf das Land der Kunden*innen angepasst werden, damit eine Abwicklung in der lokalen Währung einschließlich der Steuern, die das Unternehmen dann abführt, gewährleistet werden kann. [26]

Anschließend gelangen die Bestellinformationen zu den Dropshipper*innen. Diese umfassen die Produktinformationen, die von Kunden*innen bestellt wurden, sowie die Zahlungsdetails. Je nach Qualität der Webseite wird die Bestellung entweder automatisch an die Großhändler*innen weitergeleitet oder die Unternehmer*innen müssen dies manuell tun. In den meisten Fällen geschieht dies automatisch. Die Dropshipper*innen fungieren dabei als Schnittstelle zwischen den Kunden*innen und den Lieferanten*innen. Oft wissen die Kunden*innen nicht einmal, wer die Großhändler*innen sind, und die Kommunikation mit den Großhändler*innen läuft über den Dropshipper. [26]

Erst im dritten Schritt werden die Lieferant*innen aktiv. Diese bereiten die Bestellung vor und versenden sie an die von Kunden*innen angegebene Adresse.

Die Verpackung spielt dabei eine wichtige Rolle. Anhand der Verpackung könnte eine Verbindung zu den Großlieferanten*innen hergestellt werden, daher verwenden die meisten Dropshipping-Webseiten ihre eigenen Verpackungen, auf denen nur die Dropshipper*innen erkennbar sind. Es wird darauf geachtet, dass die Kunden*innen nicht den Großhändler*innen erkennen können. [26]

Nach dem Versand der Bestellung besteht die Möglichkeit, eine Trackingnummer für den Endkunden*innen zu generieren und diese weiterzugeben. Da die meisten Produkte aus Asien versendet werden, kann die Lieferung bis zu 30 Tage dauern, was sowohl auf die niedrigen Herstellungskosten als auch auf einen der größten Nachteile dieses Modells zurückzuführen ist. [26]

Erst nach Bezahlung aller Steuern und Zölle erhalten die Kunden*innen die Ware. Danach hängt es davon ab, ob die Endkunde*innen mit der Bestellung zufrieden sind oder nicht. Es besteht auch die Möglichkeit, dass die Kunde*innen die Ware zurücksenden möchten. In diesem Fall sind die Dropshipper*innen für den Retourprozess verantwortlich und müssen die zusätzlichen Kosten, wie beispielsweise die Versandkosten an den Großhändler*innen, übernehmen. [26]

4.2 Grundlagen für den Aufbau von eines Webshops

In diesem Kapitel wird erläutert, wie Produkte für potenzielle Kunden*innen zugänglich gemacht werden können und welche Schritte dafür erforderlich sind. Eine entscheidende Komponente dabei ist die Einrichtung einer Dropshipping-Webseite, die es ermöglicht, Produkte effektiv zu präsentieren und zu verkaufen. Dabei stehen verschiedene Möglichkeiten zur Erstellung einer solchen Webseite zur Verfügung, wobei eine beliebte Option die Nutzung von Plattformen wie Shopify ist. Shopify, ein renommiertes kanadisches Unternehmen, bietet eine umfassende Palette von Dienstleistungen für junge Unternehmer*innen, die ihren eigenen Webshop aufbauen möchten. Dazu gehören beispielsweise integrierte Lösungen für Online-Zahlungen, leistungsstarke Marketingtools zur Kundenbindung und verschiedene Versandoptionen, die eine reibungslose Abwicklung der Bestellungen gewährleisten. Die nahtlose Integration dieser Funktionen in die Plattform ermöglicht es Dropshipper*innen, ihre Online-Präsenz zu stärken, ihre Reichweite zu erweitern und ihre Produkte einem breiten Publikum zugänglich zu machen. [26]

4.2.1 Shopify

Seit 2020 hat das Dropshipping-E-Commerce-Modell einen beeindruckenden Anstieg verzeichnet, der auf verschiedene Faktoren zurückzuführen ist. Insbesondere der zunehmende Zeitdruck vieler Menschen, die Wert auf schnelle und effiziente Einkäufe legen, hat dazu beigetragen, dass dieser Markt florieren konnte. Die Effizienz einer E-Commerce-Website spielt hierbei eine entscheidende Rolle, da sie den Bedürfnissen der Kunden*innen gerecht werden muss. In diesem Zusammenhang erweist sich Shopify als eine äußerst beliebte Plattform zur Erstellung solcher Websites. Mit Shopify können Unternehmer*innen Websites erstellen, die es ihren Kunden*innen ermöglichen, Produkte bequem online zu kaufen. [27]

Bei der Gestaltung eines Online-Shops ist es wichtig zu berücksichtigen, dass es einen klaren Unterschied zwischen den Entwickler*innen der Website und den Nutzer*innen gibt. Während die Entwickler*innen die technische Umsetzung und das Design der Website verantworten, liegt der Fokus der Nutzer*innen darauf, Produkte einfach und effizient kaufen zu können. Die Nutzer*innen mögen möglicherweise nicht alle Funktionen der Website sehen oder verstehen und muss unter Umständen mehrere Schritte durchlaufen, bevor sie einen Kauf abschließen können. Diese Diskrepanz zwischen Entwickler*innen und Nutzer*innen wird oft durch eine anschauliche Grafik veranschaulicht, um die jeweiligen Rollen und die Benutzererfahrung zu verdeutlichen. Insgesamt bietet das Dropshipping-E-Commerce-Modell eine effektive Möglichkeit für Unternehmer*innen, ihre Produkte online anzubieten, und für Kunden*innen, bequem einzukaufen. [27]

In Abbildung 4.2 wird deutlich, dass sowohl die Administrator*innen als auch der Nutzer*innen unterschiedliche Funktionen auf der Webseite haben. Die Administrator*innen sind für die Erstellung und Verwaltung der Website verantwortlich. Dazu gehört das Hinzufügen von Kategorien und Produkten, um den Webshop übersichtlich zu gestalten, sowie die Verwaltung von Produkten und Bestellungen, die von den Kunden*innen getätigt wurden. Zusätzlich können die Administrator*innen das Erscheinungsbild der Website anpassen und sicherstellen, dass sie reibungslos funktioniert. Die Nutzer*innen, also die Kunde*innen, haben eine andere Rolle auf der Website. Zunächst müssen sie sich registrieren, was zwar auf einigen Websites optional ist, jedoch Vorteile bieten kann, insbesondere für Stammkunden*innen. Anschließend können sie sich die verfügbaren Artikel anzeigen lassen, sie in den Warenkorb legen und dann Bestellungen aufgeben. Um den Bestellvorgang abzuschließen, müssen die Kunden*innen die Zahlung vornehmen. Zusätzlich zu diesen Funktionen haben die Nutzer*innen auch die Möglichkeit, ihr Passwort zurückzusetzen, falls erforderlich. Dieser klare

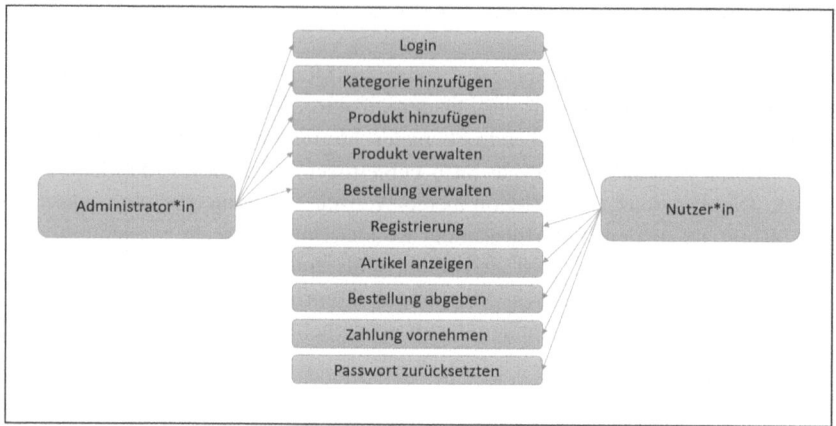

Abbildung 4.2 Shopify Funktionen [27]

Unterschied zwischen den Funktionen der Administrator*innen und Nutzer*innen gewährleistet eine effiziente Verwaltung und Nutzung der E-Commerce-Plattform. [27]

Die nachstehende Grafik 4.3 zeigt den Arbeitsfluss, von den Auslösung der Bestellungen bis zu Lieferung (Abbildung 4.3).

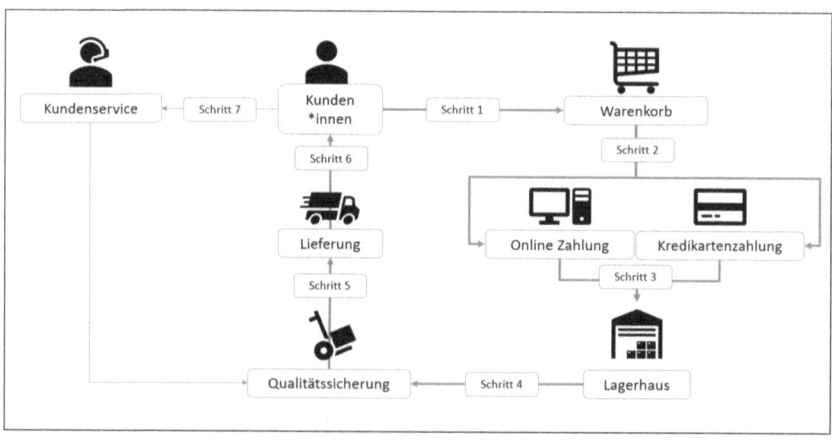

Abbildung 4.3 Arbeitsablauf bei einer Bestellung [27]

4.2 Grundlagen für den Aufbau von eines Webshops

Die Abbildung illustriert den Prozess, der durchlaufen wird, bis eine Bestellung bei den Kunden*innen eintrifft. Zunächst geben die Kunden*innen ihre Bestellung auf, typischerweise durch Hinzufügen der gewünschten Artikel zum Warenkorb. Anschließend erfolgt die Zahlung, wobei die Kunden*innen zwischen verschiedenen Zahlungsmethoden wählen können. Die Auswahl der verfügbaren Zahlungsmethoden obliegt dabei den Administrator*innen der Website, die festlegen, welche Zahlungsarten akzeptiert werden. [27]

Nachdem die Bestellung abgeschlossen ist, wird sie an den Großhändler*innen weitergeleitet, die das Lagerhaus verwalten. Dort wird die Bestellung vorbereitet, bevor die Ware für den Versand bereitgestellt wird. Während dieses Vorgangs können die Kunden*innen bei Bedarf weitere Fragen oder Anliegen zu ihrer Bestellung haben. In diesem Fall können sie sich an den Kundenservice wenden, sofern dieser von Dropshipper*innen angeboten wird. [27]

Der gesamte Prozess ist darauf ausgelegt, einen reibungslosen Ablauf von der Bestellung bis zur Lieferung zu gewährleisten und sicherzustellen, dass die Kunde*innen jederzeit über den Status ihrer Bestellung informiert sind. Dies beinhaltet nicht nur den eigentlichen Bestellvorgang und die Bezahlung, sondern auch die logistische Abwicklung und den Kundensupport, um ein positives Einkaufserlebnis zu bieten. [27]

4.2.2 Vorbereitende Schritte vor der Erstellung der Webseite

Für die Erstellung eines Webshops müssen mehrere Schritte betrachtet werden bevor der Vorgang mit der Erstellung starten kann:

Schritt 1: Zunächst muss eine Sparte ausgewählt werden, wie zum Beispiel die Nische Kosmetik oder Kleidung. Dabei ist es wichtig zu entscheiden, welche Produkte verkauft werden sollen, da dies direkte Auswirkungen auf den Webshop hat. Die Grafiken und Designs müssen entsprechend gewählt werden, um das gewünschte Produktportfolio optimal zu präsentieren. [1]

Schritt 2: Anschließend ist eine Marktanalyse erforderlich, um die Konkurrenzsituation auf dem Markt zu bewerten. Dies ist wichtig, da in derselben Nische möglicherweise bereits mehrere Mitbewerber aktiv sind. Die Analyse ermöglicht es, die Wettbewerbssituation besser zu verstehen und Strategien zur Positionierung des eigenen Webshops zu entwickeln. [1]

Schritt 3: Nach der Marktanalyse muss eine Verbindung zu den Lieferanten*innen aufgebaut werden. Es gibt verschiedene Lieferanten*innen wie AliExpress oder eBay, von denen Produkte bezogen werden können. Die Qualität der gelieferten Produkte ist entscheidend, daher ist eine gründliche Lieferantenrecherche erforderlich, um zuverlässige und qualitativ hochwertige Lieferanten*innen zu finden. [1]

Schritt 4: Abschließend kann der Webshop erstellt werden. Die Webseite muss die Bedürfnisse und Wünsche der Kunden*innen erfüllen können. Sie sollte effizient gestaltet sein und gleichzeitig Umsätze generieren können. Eine benutzerfreundliche Oberfläche, klare Produktpräsentationen und sichere Zahlungsmethoden sind wichtige Aspekte, die berücksichtigt werden müssen, um einen erfolgreichen Webshop zu schaffen. [1]

4.2.3 Die Erstellung eines Webshops

Die Kosten für die Erstellung eines Webshops auf Shopify variieren je nach Standort erheblich. Da Shopify ein kostenpflichtiger Dienst ist, fallen für die Nutzung seiner Plattform Abonnementgebühren an. Diese Kosten sind stark abhängig vom Land, in dem die Benutzer*innen ansässig sind oder wo der Webshop erstellt werden soll. Die Preise können sich erheblich unterscheiden, basierend auf den wirtschaftlichen Gegebenheiten und den regionalen Marktbedingungen. In der nachfolgenden Grafik werden die unterschiedlichen Preise in verschiedenen Ländern veranschaulicht. Es ist ratsam, diese Kosten im Voraus zu berücksichtigen und sorgfältig zu prüfen, welche Option am besten zu den individuellen Bedürfnissen und finanziellen Möglichkeiten passt. [28, 29]

Die Preise für die Shopify-Abonnements variieren je nach Standort und Währung erheblich, wie in den Abbildungen 4.4 und 4.5 dargestellt. Hierbei wurden die Kosten für die jeweiligen Abonnementvarianten in verschiedenen Ländern wie Indien und den Vereinigten Staaten von Amerika betrachtet. Ein weiterer Aspekt ist die unterschiedliche Währungsumrechnung, die zu variierenden Preisen führt. Zum Beispiel kostet das Basic-Abonnement in Indien, umgerechnet von US-Dollar in Indische Rupien, etwa 82,91 US-Dollar, während es in den USA 18 US-Dollar beträgt. Ähnlich verhält es sich mit dem Advanced-Abonnement, das in Indien ungefähr 274 US-Dollar und in den USA 299 US-Dollar pro Monat kostet. Diese Preisunterschiede werden durch lokale Marktbedingungen und die wirtschaftliche Situation beeinflusst werden. [28]

4.2 Grundlagen für den Aufbau von eines Webshops

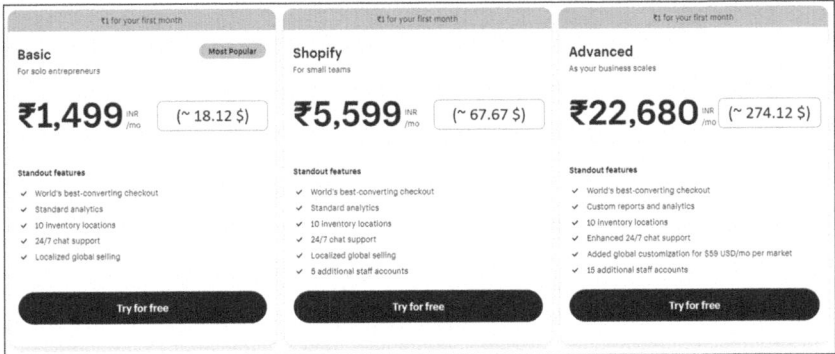

Abbildung 4.4 Shopify Abonnements Preise in Indien [28]

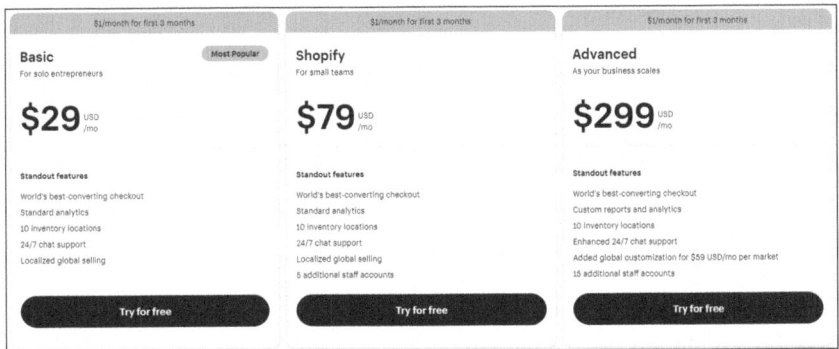

Abbildung 4.5 Shopify Preise in den Vereinigten Staaten [28]

Nach dem Kauf eines Shopify-Abonnements eröffnen sich die Tore zur Erstellung eines Webshops. Shopify bietet eine breite Palette von Funktionen, die durch innovative Technologien wie künstliche Intelligenz (KI) unterstützt werden. Durch die Integration von KI und maschinellem Lernen können Administrator*innen problemlos auf umfassende Daten zugreifen und diese effektiv nutzen, ohne selbst über spezifisches Fachwissen zu verfügen. Die eingebauten maschinellen Lernsysteme analysieren automatisch Informationen und bieten Lösungsvorschläge sowie Hilfestellungen für komplexe Entscheidungen. [30]

Darüber hinaus können zusätzliche Anwendungen installiert werden, um die Leistungsfähigkeit des Webshops weiter zu steigern. Diese Apps erweitern die Funktionalität des Shops und ermöglichen es den Betreiber*innen, spezifische Anforderungen zu erfüllen und die Benutzererfahrung zu verbessern. Von Marketing-Tools bis hin zu Inventarverwaltungssystemen bieten diese Apps vielfältige Möglichkeiten zur Optimierung des Geschäftsbetriebs. [30]

Zusätzlich zu den leistungsstarken Funktionen stellt Shopify eine Vielzahl von professionell gestalteten Vorlagen zur Verfügung. Diese Vorlagen erleichtern die Gestaltung des Webshops erheblich und bieten eine solide Grundlage für ein ansprechendes Design. Durch die Anpassung dieser Vorlagen können Webshop-Betreiber*innen das Erscheinungsbild ihres Geschäfts ganz nach ihren individuellen Vorstellungen gestalten und somit eine einzigartige Online-Präsenz schaffen. [30]

Abbildung 4.6 Shopify Apps [31]

Die Abbildung 4.6 präsentiert eine Auswahl von sechs verschiedenen Apps, die auf der Plattform installiert werden können. Diese Apps bieten die Möglichkeit, die Webseiten zu automatisieren und verschiedene Funktionen zu integrieren, um die Benutzererfahrung zu verbessern und die Effizienz zu steigern. [31]

Shopify bietet eine Vielzahl von Designs für die professionelle Gestaltung von Webseiten an. Neben den vorhandenen Designvorlagen können Nutzer*innen zusätzliche Vorlagen manuell installieren, um ihrem Shop ein individuelles Erscheinungsbild zu verleihen. Diese zusätzlichen Vorlagen sind oft kostenpflichtig, bieten jedoch eine breite Palette von Stilen und Funktionen, um den spezifischen Anforderungen des Geschäfts gerecht zu werden. Das Angebot von Shopify umfasst sowohl kostenpflichtige als auch kostenlose Designs, sodass Nutzer*innen je nach ihren Bedürfnissen und Budgets wählen können. Die kostenpflichtigen Designs bieten oft erweiterte Funktionen und einzigartige Designs, während die kostenlosen Designs eine Basis für einen ansprechenden Webshop

4.2 Grundlagen für den Aufbau von eines Webshops

bieten. In beiden Fällen steht den Nutzer*innen eine Fülle von Optionen zur Verfügung, um das Erscheinungsbild ihrer Webseite zu individualisieren und ein professionelles Online-Erlebnis für ihre Kunden*innen zu schaffen. [30]

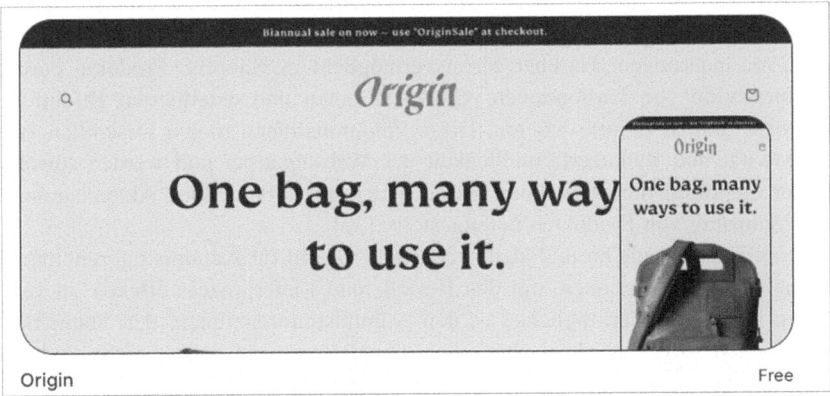

Abbildung 4.7 Shopify Template Origin [32]

Abbildung 4.8 Shopify Template Gain [32]

In den Abbildungen 4.7 und 4.8 sind die Designvorlagen zu sehen, die von Shopify bereitgestellt werden. Die Vorlage in Abbildung 4.7, namens „Origin", ist kostenlos verfügbar, während die Vorlage „Gain" in Abbildung 4.8 kostenpflichtig ist. Der Preis für die Designvorlage „Gain" ist in der Grafik angegeben. [32]

Shopify bietet neben den Designvorlagen eine breite Palette weiterer Funktionen, darunter E-Mail-Abonnements. Diese Abonnements fungieren als Informationsinstrument für Kunden*innen, die automatisch über Neuigkeiten im Webshop informiert werden, wie beispielsweise die Einführung neuer Produkte oder Preisänderungen. Darüber hinaus ermöglicht es Shopify, Produkte durch die Integration von Farboptionen, Größenvarianten und detaillierten Bildinformationen optimal zu präsentieren. Diese Funktionalitäten tragen wesentlich zur Attraktivität und Benutzerfreundlichkeit des Webshops bei und werden sowohl bei der ursprünglichen Erstellung als auch bei der fortlaufenden Aktualisierung und Ergänzung von Produkten bereitgestellt. [30]

Shopify bietet eine breite Palette von Tools sowohl für Administratoren*innen als auch für Kunden*innen, um den Bestell- und Lieferprozess effektiv zu verfolgen. Diese Tools ermöglichen es den Administratoren*innen, den Status der Bestellungen zu überwachen, ob sie bereits geliefert wurden oder nicht, und ob es etwaige Stornierungen seitens der Kunden*innen gibt. Gleichzeitig haben Kunden*innen die Möglichkeit, den Fortschritt ihrer Bestellungen direkt einzusehen und gegebenenfalls Änderungen vorzunehmen. Die Vielzahl an Lieferanten*innen kann ebenfalls einfach überwacht werden, was es den Administratoren*innen ermöglicht, den Überblick über den gesamten Lieferprozess zu behalten. Durch diese Funktionen wird nicht nur die Effizienz des Bestell- und Lieferprozesses verbessert, sondern auch die Transparenz erhöht, was wiederum das Vertrauen der Kunden*innen stärkt. Letztendlich trägt dies dazu bei, die Kundenzufriedenheit zu steigern und die langfristige Bindung der Kunden*innen an den Shopify-Webshop zu fördern. [30]

Die Kundenzufriedenheit spielt eine entscheidende Rolle im Dropshipping, und um sie zu gewährleisten, müssen Dropshipper*innen bestimmte Kriterien erfüllen. Dazu gehört die strikte Einhaltung von Richtlinien seitens des Dropshipper*innen sowie des Kunden. Die Dropshipper*innen sollte den Kunden*innen rechtzeitig über den Bestellvorgang informieren können, sei es durch E-Mails, Telefonate oder durch Foren auf sozialen Medien. Diese Kommunikationsmöglichkeiten werden von Shopify auf seiner Plattform bereitgestellt. Einige davon werden kostenlos angeboten, während andere direkt über Drittanbieter auf der Shopify-Plattform verfügbar sind. In einigen Fällen verfügt Shopify nicht über die Rechte oder die Systeme werden zu komplex, so dass sie von Drittanbieter*innen angeboten werden müssen. Dennoch tragen diese Funktionen dazu bei,

4.2 Grundlagen für den Aufbau von eines Webshops

dass Dropshipper*innen die Bedürfnisse und Anliegen ihrer Kunden*innen effektiv ansprechen können, was wiederum zu einer verbesserten Kundenzufriedenheit und langfristigen Kundenbindung führt. [30]

Um eine Bestellung abzuschließen, müssen die Kunden*innen die Ware auch bezahlen. Shopify bietet dafür neben anderen Zahlungsmethoden wie Apple Pay oder PayPal auch die sogenannte Shopify Payments Methode an. Bei dieser Methode gibt es keine dritte Partei, und die Zahlungen werden direkt über die Plattform von den Kunden*innen getätigt, wobei die Unternehmer*innen sie direkt erhalten. Es ist wichtig zu beachten, ob eine dritte Partei im Spiel ist oder nicht, da dies Auswirkungen auf den Zahlungsprozess haben kann. Die Zahlungen können je nach Land in der eigenen Währung getätigt werden, was den Bezahlvorgang für die Kunden*innen erleichtert. [30]

In den Abbildungen 4.4 und 4.5 sind die Preise für die verschiedenen Abonnementpakete dargestellt. Zusätzlich zu diesen Kosten fallen auch Transaktionsgebühren an, die Shopify als Dienstleister bei jeder abgeschlossenen Bestellung erhält. [30]

Tabelle 4.1 Tarife und Funktionen der verschiedenen Shopify-Pakete [30]

Tarife und Funktionen der verschiedenen Shopify-Pakete			
	Basic Shopify	Shopify	Advanced Shopify
Preis pro Monat	29 $	79 $	299 $
Kundenservice	24/7 support	24/7 support	24/7 support
SSL-Zertifizierung	Kostenloses SSL-Zertifikat	Kostenloses SSL-Zertifikat	Kostenloses SSL-Zertifikat
Preisnachlass beim Versand mit DHL, UPS, Express oder USPS	Bis zu 74 %	Bis zu 74 %	Bis zu 76 %
Zusätzliche Gebühren bei allen Zahlungsanbietern	2 %	1 %	0,5%

Die Tabelle 4.1 veranschaulicht die Tarife und die damit verbundenen Gebühren. Es ist zu erkennen, dass bei den teureren Paketen die Gebühren sinken und Preisnachlässe bei den Versanddienstleistern gewährt werden. DHL, UPS, FedEx und USPS sind bekannte Versanddienstleister*innen. Darüber hinaus wird die SSL-Zertifizierung von Shopify kostenlos angeboten. SSL steht für Secure Socket Layer Protocol und gewährleistet die Verschlüsselung von Daten im Internet. [33] Im Dropshipping können diese Daten beispielsweise die Kommunikation zwischen Kunden*innen und Unternehmen betreffen [30]

4.3 Vor- und Nachteile bei Dropshipping

Dieses Kapitel behandelt die Vor- und Nachteile des Dropshippings und untersucht verschiedene Aspekte wie Lieferungen, Zahlungsmethoden, den Aufbau eines Webshops und Sicherheitsrisiken. Eine Zusammenfassung dieser Aspekte wird abschließend in einer Tabelle präsentiert.

4.3.1 Vorteile des Dropshipping Modells

Das Dropshipping-E-Commerce-Modell bietet zahlreiche Vorteile, darunter die Tatsache, dass zu Beginn kein großes Kapital erforderlich ist. Da bei diesem Modell keine Lagerkosten anfallen, tragen die Lieferant*innen oder Großhändler*innen diese Last. Abhängig von der Partnerschaft mit den Lieferanten*innen können sich die Dropshipper*innen Zugang zu einer breiten Palette von Produkten erhalten. Darüber hinaus entstehen für die Erstellung des Webshops keine hohen Kosten, da Einsteiger*innen in dieser Branche die kostengünstigsten Abonnements wählen können, um ihr Unternehmen zu starten. [34]

Ein weiterer Vorteil besteht darin, dass Dropshipper*innen nicht für die Lagerung der Produkte verantwortlich sind. Wie bereits im vorangegangenen Kapitel erläutert, entfällt bei diesem Modell die Notwendigkeit eines eigenen Lagers. Diese Verantwortung obliegt stattdessen den Hersteller*innen oder Lieferanten*innen. Diese Struktur ermöglicht es den Dropshipper*innen, sich auf den Vertrieb und die Vermarktung zu konzentrieren, ohne sich um die Logistik und Lagerung kümmern zu müssen. [34]

Zu Beginn sind die Einstiegshürden für die Gründung eines Dropshipping-Unternehmens niedrig. Ein*e angehende*r Dropshipper*in benötigt zunächst keine speziellen Genehmigungen und ist nicht an eine Vielzahl von Richtlinien gebunden. Der Start in dieses Geschäftsfeld gestaltet sich daher unkompliziert.

4.3 Vor- und Nachteile bei Dropshipping

Diese anfängliche Leichtigkeit ermöglicht es potenziellen Unternehmer*innen, ohne umfangreiche bürokratische Hürden in das Geschäft einzusteigen und erste Erfahrungen zu sammeln. Die Möglichkeit, ohne komplexe Genehmigungsverfahren oder behördliche Auflagen zu beginnen, erleichtert den Zugang zum Dropshipping-Geschäft und fördert eine dynamische Entwicklung der Branche. [35]

Aufgrund des geringen Startkapitals und der minimalen anfänglichen Investitionen ist es für angehende Dropshipper*innen einfacher, Risiken einzugehen. Sie haben die Möglichkeit, mehrere Nischen zu erkunden und auszuprobieren, ohne sich langfristig an bestimmte Produkte oder Lieferanten*innen binden zu müssen. Diese Flexibilität ermöglicht es ihnen, sich an diejenigen Nischen zu halten, die am besten zu ihren Fähigkeiten und Interessen passen. Die Dropshipper*innen sind nicht in Bezug auf Produkte oder Lieferanten*innen festgelegt und können ihre Strategie von einem Tag auf den anderen ändern, ohne dass dies größere Auswirkungen auf ihr Geschäft hat. Diese Dynamik eröffnet den Dropshipper*innen die Möglichkeit, sich kontinuierlich an veränderte Marktbedingungen anzupassen und ihr Unternehmen agil zu führen. Der Hauptfokus der Dropshipper*innen liegt in erster Linie auf der Kundenzufriedenheit und dem Umsatz. [35]

Ein weiterer Vorteil dieser Branche besteht darin, dass sie hauptsächlich online stattfindet. Ein*e Dropshipper*in kann ihren oder seinen privaten Wohnsitz in einem Land haben und dennoch ihr oder sein Geschäft weltweit betreiben. Es ist nicht erforderlich, physisch in einem bestimmten Land präsent zu sein, um dort ein Unternehmen zu führen. Alle Stakeholder dieser Branche agieren online, sodass die Dropshipper*innen keinen persönlichen Kontakt zu anderen aufbauen müssen, um erfolgreich zu sein. [35]

4.3.2 Nachteile des Dropshipping Modells

Ein Nachteil besteht darin, dass die Dropshipper*innen die Produkte zu einem hohen Preis verkaufen müssen und trotzdem bleibt den Dropshipper*innen eine geringe Marge übrig. Um dennoch Gewinne zu erzielen, ist es erforderlich, dass ausreichend viele Kunden*innen die Webseite besuchen und dort einkaufen. Hierfür müssen zusätzliche Maßnahmen ergriffen werden, wie beispielsweise die Schaltung von Werbung auf sozialen Medien. [34]

Eine weitere Herausforderung besteht darin, in dieser Branche eine eigene Marke zu etablieren oder zu festigen. Dies wird durch die Schwierigkeit beeinträchtigt, die Qualität der gelieferten Waren zu kontrollieren und sicherzustellen.

Es erfordert eine sorgfältige Auswahl der Lieferanten*innen und eine kontinuierliche Überwachung der Produktqualität, um das Vertrauen der Kunden*innen zu gewinnen und langfristige Beziehungen aufzubauen. [34]

Hinzu kommt die Tatsache, dass Dropshipper*innen einem hohen Wettbewerbsdruck ausgesetzt sind, da die Einstiegshürden minimal sind und die Erstellung von Webshops vergleichsweise einfach ist. Die Vielzahl von Mitbewerber*innen macht es schwierig, sich von der Masse abzuheben und eine einzigartige Identität zu schaffen. Dies erfordert eine differenzierte Positionierung, kreative Marketingstrategien und eine kontinuierliche Anpassung an die sich verändernden Marktbedingungen. [34]

Im Abschnitt 4.3.2 wurde hervorgehoben, dass im Rahmen dieses Modells keine Lagerkosten entstehen, da die Dropshipper*innen keine physischen Produkte besitzen, sondern lediglich für deren Vermarktung zuständig sind. Allerdings kann dieser Aspekt auch als Nachteil betrachtet werden, da die Durchführung einer Bestellung ausschließlich von der Handlungsbereitschaft der Lieferanten*innen abhängt. Die Dropshipper*innen haben hierbei nur begrenzten Einfluss und müssen sich darauf verlassen, dass die Lieferant*innen die Bestellung zuverlässig abwickeln. [36]

Tabelle 4.2 Vor- und Nachteile des Dropshippings [34–36]

Vor- und Nachteile des Dropshippings		
	Vorteile	Nachteile
Startkapital gering	X	
Lagerung	X	X
Startbarrieren gering	X	X
Hohe Risikobereitschaft	X	
Online Plattform	X	
Umsatz gering		X
Markenloyalität gering	X	X
Hohe Konkurrenz	X	X

Die Tabelle 4.2 zeigt eine umfassende Zusammenfassung der Vor- und Nachteile des E-Commerce-Modells. Viele dieser Aspekte können sowohl positiv als auch negativ interpretiert werden, da sie für verschiedene Akteur*innen unterschiedliche Auswirkungen haben können. Ein Beispiel hierfür ist die Lagerung von Produkten: Einige sehen darin die Möglichkeit, Lagerkosten zu sparen und sich auf andere Geschäftsbereiche zu konzentrieren, wie etwa die Produktgestaltung. Andererseits können Probleme entstehen, wenn die Lagerung nicht in ihrer Kontrolle liegt, was potenzielle Risiken mit sich bringt, auf die sie keinen direkten Einfluss haben. [34–36]

Ähnlich verhält es sich mit dem Punkt der hohen Konkurrenz. Während einige Dropshipper*innen die Konkurrenz auf dem Markt als Bedrohung empfinden, sehen andere darin eine Chance, sich besser zu etablieren und ihre Mitbewerber*innen durch überlegene Leistungen zu übertreffen. Dies kann dazu führen, dass einige Marktteilnehmer*innen erfolgreich sind, während andere Schwierigkeiten haben, sich gegen die Konkurrenz zu behaupten und Marktanteile zu gewinnen. Die hohe Risikobereitschaft wird positiv betrachtet, da Dropshipper*innen am Anfang in mehreren Nischen ihr Geschäft ausprobieren können. Je nachdem, welche Nische sich als besser geeignet erweist oder mehr Umsatz bringt, können sie sich dort etablieren. [34–36]

4.4 Supply Chain Management bei Dropshipping

Das E-Commerce-Modell Dropshipping basiert vollständig auf Online-Prozessen, was bedeutet, dass alle beteiligten Systeme nahtlos miteinander kommunizieren müssen. Eine effektive Synchronisation ist daher entscheidend, um den reibungslosen Ablauf für alle Beteiligten in dieser Branche zu gewährleisten. Sobald die Kunden*innen eine Bestellung auslösen, muss die Dropshipper*innen unverzüglich darüber informiert werden. Anschließend warten die Großlieferant*innen auf den Zahlungseingang, um die Bestellung vorzubereiten. Abhängig von der gewählten Zahlungsmethode der Kunden*innen durchläuft die Bestellung verschiedene Meilensteine, bis sie abgeschlossen ist. Die Erwartungen der Kunden*innen an eine fehlerfreie Lieferkette setzen Lieferanten*innen unter Druck, da sie sich flexibel an die Bedürfnisse der Kunden*innen anpassen und eine reibungslose Abwicklung sicherstellen müssen. Dies stellt eine große Herausforderung dar, eröffnet jedoch auch Möglichkeiten zur Verbesserung der Kundenzufriedenheit und der Effizienz in der Lieferkette. [37]

Ein reibungsloser Ablauf der Bestellungen und Lieferungen ermöglicht es Dropshipper*innen, einen Wettbewerbsvorteil im Supply Chain Management zu erlangen. Dies setzt jedoch voraus, dass die verschiedenen Systeme nahtlos miteinander interagieren und sich flexibel anpassen können. Die Flexibilität und Anpassungsfähigkeit dieser Systeme sind entscheidende Faktoren für die Gewährleistung der Kundenzufriedenheit und die Effizienz der Lieferkette. Durch eine optimale Integration und ein effektives Management der Systeme können Dropshipper*innen nicht nur eine reibungslose Abwicklung von Bestellungen sicherstellen, sondern auch ihre Leistungsfähigkeit steigern und Kundenbedürfnisse effektiv erfüllen. Dies trägt dazu bei, langfristige Kundenbeziehungen aufzubauen und das Marktpotenzial auszuschöpfen. [37]

Des Weiteren ist es für Großlieferanten*innen von entscheidender Bedeutung, mit minimalem Lagerbestand einen maximalen Umsatz zu erzielen. Dies erfordert eine effiziente Lagerhaltung und Logistikplanung, um die Lagerkosten niedrig zu halten und gleichzeitig eine hohe Kundenzufriedenheit zu gewährleisten. Durch eine präzise Bestandsverwaltung und eine optimierte Bestellabwicklung können Lieferanten*innen sicherstellen, dass sie die Bedürfnisse ihrer Kunden*innen zeitnah und zuverlässig erfüllen können. Ziel ist es, die Lagerbestände auf einem optimalen Niveau zu halten, um sowohl die Nachfrage abzudecken als auch Überbestände zu vermeiden. Eine effektive Bestandssteuerung ermöglicht es den Lieferanten*innen, flexibel auf Marktschwankungen und Kundenanforderungen zu reagieren und gleichzeitig die Rentabilität ihres Geschäfts zu maximieren. [37]

Die Tätigkeit als Lieferant*innen in der Dropshipping-Branche birgt zahlreiche Herausforderungen. Insbesondere die Belieferung verschiedener Kleinunternehmen*innen, die jeweils unterschiedliche Produkte anbieten, stellt eine komplexe logistische Aufgabe dar. Es ist entscheidend, dass die Lieferanten*innen sicherstellen, dass die richtigen Waren zur richtigen Zeit verfügbar sind, um die Anforderungen der Kunden*innen zu erfüllen. Dabei müssen sie auch saisonale Schwankungen berücksichtigen, da bestimmte Produkte zu bestimmten Zeiten besonders gefragt sein können. Die rückwärtsgerichtete Logistik spielt ebenfalls eine wichtige Rolle, da Lieferanten*innen Rücksendungen und Retouren effizient abwickeln müssen. Dies erfordert eine sorgfältige Planung und Organisation, um eine reibungslose Lieferkette zu gewährleisten und die Kundenzufriedenheit zu maximieren. [37]

Dropshipping in Indien und in den Vereinigten Staaten 5

In diesem Kapitel erfolgt eine Untersuchung der Dropshipping-Geschäftsmodelle in zwei speziell für die Masterarbeit ausgewählten Ländern. Einerseits wird die Dropshipping-Situation in Indien analysiert, und andererseits wird die Dropshipping-Situation in den Vereinigten Staaten betrachtet. In diesem Kontext werden keine spezifischen Nischen in der Branche untersucht. Stattdessen liegt der Fokus auf der Analyse des aktuellen Standes und der zukünftigen Prognosen für den Dropshipping-Markt.

5.1 Dropshipping in Indien

Diese Masterarbeit konzentriert sich auf die Expansion von jungen Unternehmen, die ihre Geschäfte zunächst in Indien aufbauen und später in Richtung der Vereinigten Staaten expandieren möchten. Ein zentraler Aspekt ist die Analyse des E-Commerce-Marktes in Indien, um festzustellen, ob junge Unternehmen dort erfolgreich Fuß fassen können und welche Prognosen für diesen Markt vorliegen. [38]

Ergänzende Information Die elektronische Version dieses Kapitels enthält Zusatzmaterial, auf das über folgenden Link zugegriffen werden kann https://doi.org/10.1007/978-3-658-47602-1_5.

Es wird prognostiziert, dass der E-Commerce-Markt in Indien bis zum Jahr 2034 eine durchschnittliche jährliche Wachstumsrate von 19,34 Prozent verzeichnen wird. Im Jahr 2020 betrug das Volumen des E-Commerce-Marktes in Indien 46,2 Milliarden US-Dollar. Bis zum Jahr 2034 wird erwartet, dass dieser Wert auf 111,4 Milliarden US-Dollar ansteigen wird. Insbesondere die Bekleidungs- und Lebensmittelbranche gelten als Haupttreiber dieses Wachstums. Im Jahr 2021 erreichte die Online-Lebensmittelindustrie in Indien einen Umsatz von 3,95 Milliarden US-Dollar. Bis 2027 wird erwartet, dass dieser Wert auf 26,39 Milliarden US-Dollar steigen wird. [38]

Ein Haupttreiber des E-Commerce-Marktes in Indien ist der Aufschwung im Bereich der Informationstechnologie (IT) und die damit einhergehende Digitalisierung. Diese Entwicklung hat jedoch auch einige Nachteile, wie Sicherheitsbedenken, mit sich gebracht. Auf der positiven Seite hat sich jedoch die Kundenzufriedenheit verbessert, da Verbraucher*innen ihre Produkte bequem von zu Hause aus und zu jeder beliebigen Zeit bestellen können. Im Jahr 2021 stieg die Anzahl der Internetverbindungen in der indischen Bevölkerung auf 830 Millionen, was hauptsächlich auf das „Digital India Programme" zurückzuführen ist. Bis 2025 wird erwartet, dass diese Zahl auf 900 Millionen steigen wird. [38]

Das „Digital India Programme" wurde am 1. Juli 2015 von der indischen Regierung ins Leben gerufen, um die digitale Entwicklung in Indien voranzutreiben. Das Ziel dieses Programms ist es, die Bevölkerung durch Digitalisierung miteinander zu verbinden und so Chancengleichheit zu schaffen. Durch dieses Programm strebt die indische Regierung danach, alle Bürgerinnen und Bürger zu vernetzen, damit sie gleichermaßen von den Vorzügen der Digitalisierung profitieren können. Dies ermöglicht es jedem, umfassend informiert zu sein und Zugang zu den Möglichkeiten der digitalen Welt zu haben. [38]

Im Jahr 2021 wurde der indische E-Commerce-Markt im Hinblick auf sein Wachstumspotenzial auf den neunten Platz eingestuft. Untersuchungen deuten darauf hin, dass dieser Markt weiterhin stark wachsen wird. Zudem tätigen große multinationale Konzerne wie Google und Facebook beträchtliche Investitionen in diesen Markt. [38]

Der Online-Sektor in Indien verzeichnet ein kontinuierliches Wachstum. Dies ist teilweise auf Programme zurückzuführen, die von der indischen Regierung gefördert werden, um den E-Commerce in Indien zu unterstützen. Laut einer Studie ist der Online-Einzelhandel in Indien die am schnellsten wachsende Industrie. Die folgende Tabelle zeigt die Zahlen, die durch den E-Commerce erzielt wurden und sie verdeutlicht den stetigen Anstieg der Verkaufszahlen (Tabelle 5.1). [38]

5.1 Dropshipping in Indien

Tabelle 5.1 E-Commerce Verkaufszahlen in Indien von 2015 bis 2021 (Mrd. US-Dollars) [38]

Jahr	US-Dollars
2015	12,19
2016	16,08
2017	20,01
2018	24,94
2019	31,19
2020	38,09
2021	45,17

Die wachsende Industrie bringt auch Nachteile mit sich, und einer dieser Nachteile ist, dass die Verbraucher*innen nach wie vor die traditionelle Art des Einkaufs bevorzugen. Dies liegt daran, dass viele Menschen in Indien es vorziehen, Produkte vor dem Kauf physisch in die Hand zu nehmen. Sie möchten die Ware zuerst besichtigen und dann entscheiden, ob sie das Produkt kaufen möchten oder nicht. [38]

Des Weiteren stellen Lieferungen in Indien ein großes Problem dar, da es oft zu Verzögerungen bei den Lieferzeiten kommt. Diese Verzögerungen sind häufig auf Probleme bei der Integration der Lieferkette und unzureichende Lieferdienstleistungen zurückzuführen. Insbesondere in Gebieten mit einer geringen Infrastruktur treten Lieferprobleme auf, was wiederum zu Kundenunzufriedenheit führt. [38]

5.2 Dropshipping in den Vereinigten Staaten

Das zweite Land, das für die Masterarbeit ausgewählt wurde, sind die Vereinigten Staaten von Amerika. Hier unterscheidet sich die Situation im Vergleich zu Indien erheblich. Der E-Commerce-Markt ist hier größer. Dennoch ist beiden Ländern gemein, dass sie ein kontinuierliches Wachstum verzeichnen. In den USA sind die Verkaufs- und Umsatzzahlen im Vergleich zu Indien deutlich höher. Studien zeigen zudem, dass die Umsatzzahlen, die in Indien im Jahr 2021 erreicht wurden, bereits im Jahr 2013 in den USA allein mit Bekleidungsprodukten erzielt wurden. Die nachstehende Grafik veranschaulicht diesen Vergleich. Dies zeigt, dass junge Unternehmen, die eine Expansion von Indien in die Vereinigten Staaten anstreben, positive Zukunftsaussichten haben könnten (Abbildung 5.1). [16]

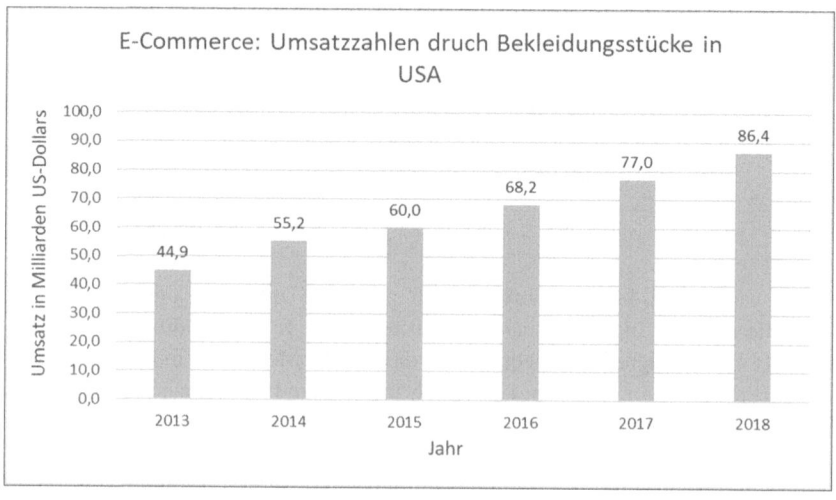

Abbildung 5.1 E-Commerce Verkaufszahlen von Bekleidungsstücken in USA von 2013 bis 2018 [16]

Marketingstrategien Dropshipping 6

Es gibt mehrere Definitionen von Marketing und eines davon lautet: *„Marketing ist die Tätigkeit, eine Reihe von Institutionen und Prozessen zur Schaffung, Kommunikation, Bereitstellung und zum Austausch von Angeboten, die für Kunden, Klienten, Partner und die Gesellschaft insgesamt von Wert sind"*. [39]

Marketing ist der Prozess, durch den Unternehmen ihre Produkte und Dienstleistungen auf dem Markt bekannt machen und potenzielle Kunden*innen ansprechen. Es ist ein unternehmerischer Ansatz, der darauf abzielt, Kundenbedürfnisse zu erfüllen und langfristige Beziehungen aufzubauen. Dies geschieht durch verschiedene Strategien und Kanäle, um die Sichtbarkeit der Marke zu erhöhen und Kunden*innen zu erreichen. Effektives Marketing ermöglicht es Unternehmen, sich von der Konkurrenz abzuheben und eine treue Kundenbasis aufzubauen. Es geht darum, Kunden*innen anzuziehen, ihr Interesse zu wecken und letztendlich Kaufentscheidungen zu beeinflussen. Dabei spielen Aspekte wie Werbung, Marktforschung, Branding und Kundenkommunikation eine entscheidende Rolle. Der Erfolg im Marketing hängt von der Fähigkeit eines Unternehmens ab, seine Botschaft klar und überzeugend zu kommunizieren und die Bedürfnisse seiner Zielgruppe zu verstehen und zu erfüllen. [40]

Online-Marketing umfasst eine Vielzahl von Strategien und Plattformen, darunter soziale Medien, E-Mail-Marketing und Suchmaschinenmarketing. Unternehmen können gleichzeitig auf mehreren dieser Plattformen präsent sein, um ihre Reichweite zu maximieren. Besonders bedeutend ist dabei das Suchmaschinenmarketing, da Suchmaschinen täglich von Millionen von Menschen genutzt

---

Ergänzende Information Die elektronische Version dieses Kapitels enthält Zusatzmaterial, auf das über folgenden Link zugegriffen werden kann https://doi.org/10.1007/978-3-658-47602-1_6.

werden. Unternehmen streben daher danach, ihre Anzeigen auf den ersten Seiten der Suchergebnisse zu platzieren. Dies beinhaltet auch die Suchmaschinenoptimierung, bei der Unternehmen ihre Anzeigen so gestalten, dass sie von potenziellen Kunden*innen gesehen werden, auch wenn diese nicht aktiv nach ihnen gesucht haben. [40]

Für diese Masterarbeit wird ausschließlich des Bereichs des Online-Marketings betrachtet. In diesem Bereich sind typischerweise drei Parteien involviert: Marktplatzbetreiber*innen, Anbieter*innen und Nachfrager*innen. Die Marktplatzbetreiber*innen gewährleisten den reibungslosen Betrieb der Plattformen, auf denen die Werbung geschaltet wird, sowie die damit verbundene Infrastruktur. Zudem koordiniert sie das Angebot und die Nachfrage. Bekannte Beispiele für Marktplatzbetreiber*innen sind Amazon und eBay. Die nachfolgende Abbildung veranschaulicht die Struktur der beteiligten Parteien. Im Mittelpunkt steht der Online-Marktplatz, wo alle Parteien zusammenkommen (Abbildung 6.1). [41]

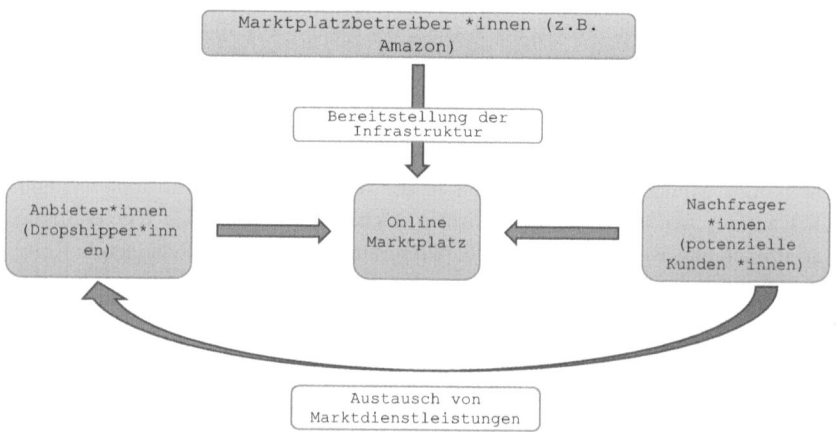

Abbildung 6.1 Online-Marktplatz und die beteiligen Parteien [41]

Der Nutzen eines Online-Marktplatzes liegt darin, dass er den Kunden*innen eine zentralisierte Plattform bietet, auf der sie verschiedene Angebote einsehen und vergleichen können. Durch die Vielzahl an Anbieter*innen können Kunden*innen eine breite Palette von Produkten und Dienstleistungen erkunden und entsprechend ihren Bedürfnissen wählen. [41]

Für Anbieter*innen bietet ein Online-Marktplatz die Möglichkeit, ihre Produkte ohne den Aufbau eines eigenen Webshops anzubieten. Durch die Präsenz auf etablierten Plattformen wie Amazon können sie schnell die Sichtbarkeit ihrer Produkte erhöhen und somit ihre Kundenbasis erweitern, was wiederum zu einer Steigerung des Umsatzes führen kann. [41]

Auch die Marktplatzbetreiber profitieren von dieser Geschäftsstruktur, indem sie Einnahmen aus verschiedenen Gebührenquellen generieren. Dazu gehören Nutzungsgebühren, Mitgliedschaftsgebühren und Transaktionsgebühren, die entweder unabhängig oder abhängig vom Produktpreis sein können, je nach den Bedingungen des jeweiligen Online-Marktplatzes. [41]

6.1 Dropshipping auf Sozialen Medien

Die Nutzung von Sozialen Medien Plattformen als Teil der Marketingstrategie birgt ein hohes Potenzial für Unternehmen. Durch das Platzieren von Produktwerbungen auf Plattformen wie Facebook oder TikTok können Unternehmen, einschließlich Dropshipper*innen, potenzielle Kunden*innen ansprechen und bestehende Kunden*innen über aktuelle Entwicklungen informieren. [1]

Soziale Medien werden heutzutage nicht mehr nur zur Unterhaltung genutzt, sondern auch von zahlreichen Unternehmen, um die Bedürfnisse und Wünsche der Kunden*innen besser zu verstehen und zu analysieren. Durch die Auswertung von Nutzerdaten, auch bekannt als „Big Data", können Unternehmen wertvolle Einblicke gewinnen, die als wichtige Erfolgsfaktoren für ihr Geschäft dienen. Diese Daten liefern Informationen über potenzielle Kunden*innen, Märkte, Partnerschaften, Kosten, Wettbewerb und vieles mehr. [42]

Die Nutzung von Marketingstrategien basierend auf diesen Daten bietet eine Vielzahl von Vorteilen. Einer davon besteht darin, potenzielle Kunden*innen gezielt anzusprechen und sie durch personalisierte Werbung auf sich aufmerksam zu machen. Dies setzt jedoch voraus, dass Menschen bereit sind, ihre persönlichen Daten preiszugeben, wie sie es häufig auf sozialen Medien tun. Diese Daten ermöglichen es Unternehmen, gezielt Werbung zu schalten, die den individuellen Interessen und Bedürfnissen der Nutzer*innen entspricht, was die Wahrscheinlichkeit erhöht, dass sie auf die beworbenen Produkte oder Dienstleistungen aufmerksam werden und sie letztendlich kaufen. [42]

Diese Marketingstrategie ist heutzutage von entscheidender Bedeutung, und dies ist hauptsächlich auf die immense Nutzerbasis dieser Plattformen zurückzuführen. Laut Statista haben in den Vereinigten Staaten von Amerika 77 Prozent der Bevölkerung mindestens ein Profil auf einer sozial Medien Plattform. Da die Menschen täglich aktiv auf diesen Plattformen sind, bieten sie jungen Unternehmen eine hervorragende Möglichkeit, ihre Werbung zu platzieren und mit potenziellen Kunden*innen in Kontakt zu treten. Diese Plattformen ermöglichen eine direkte Verbindung zwischen Unternehmen und Kunden*innen, wodurch Kunden*innen die Möglichkeit haben, direkt mit den Unternehmen zu interagieren. [42]

Zusätzlich spielen Influencer*innen eine bedeutende Rolle auf diesen Plattformen. Diese Influencer*innen, auch bekannt als Beeinflusser*innen, bewerben Produkte und Dienstleistungen und tragen so dazu bei, dass Unternehmen ihre Produkte verkaufen können. Dabei profitieren sie von Gebühren, die sie für ihre Werbung erhalten. Influencer*innen gibt es in einer Vielzahl von Branchen, sei es Kosmetik, Bekleidung oder Sport. [1, 42]

Die folgende Grafik bietet einen Überblick über die Nutzerzahlen auf verschiedenen Sozial-Medien-Plattformen. Laut den Daten von Statista ist Facebook mit rund drei Milliarden monatlich aktiven Nutzer*innen die am weitesten verbreitete Plattform. An zweiter Stelle steht YouTube mit knapp 2,5 Milliarden Nutzer*innen, gefolgt von Instagram und WhatsApp, die jeweils zwei Milliarden Nutzer*innen verzeichnen. TikTok erreicht mit etwa 1,6 Milliarden Nutzer*innen den fünften Platz, während Plattformen wie WeChat und Facebook Messenger auch eine bedeutende Nutzerbasis haben, mit 1,13 Milliarden bzw. 979 Millionen Nutzer*innen. Es ist interessant zu beobachten, dass eine Vielzahl anderer Plattformen wie Telegram, Douyin, Snapchat, Kuaishou, Twitter, Weibo, QQ und Pinterest ebenfalls in der Grafik vertreten sind. Diese breite Vielfalt an Plattformen zeigt die Vielseitigkeit des sozialen Medien Marketings und die unterschiedlichen Zielgruppen, die durch die Nutzung dieser Plattformen erreicht werden können (Abbildung 6.2). [43]

6.1 Dropshipping auf Sozialen Medien

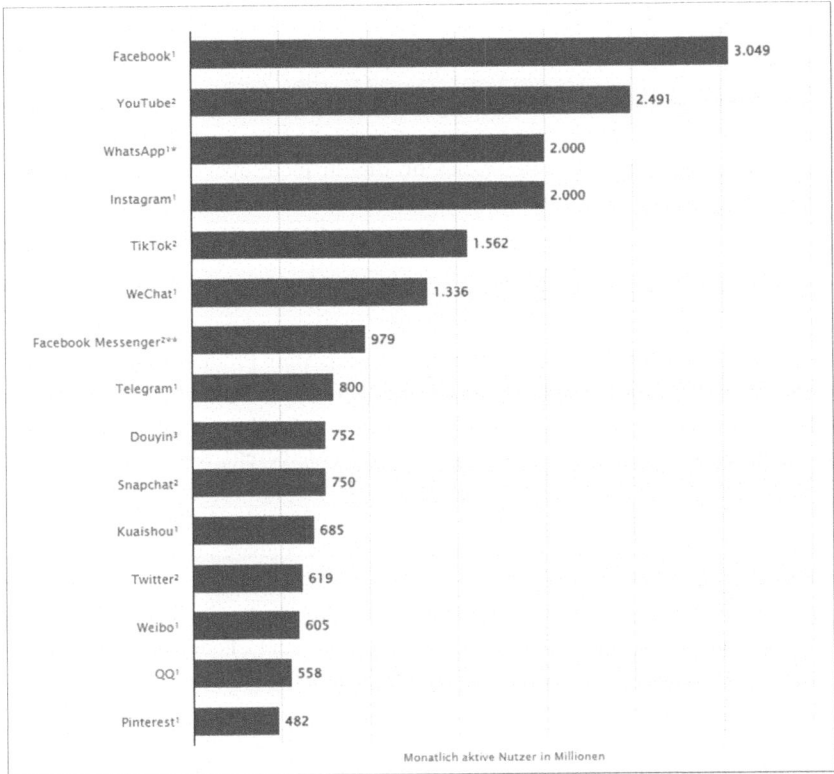

Abbildung 6.2 Monatliche aktive Nutzer*innen auf sozialen Medien im Januar 2024 (in Mio.) [43]

Im Bereich des Dropshippings liegt der Fokus weniger auf massiven Werbeausgaben, sondern vielmehr darauf, dass die Werbung von einer größeren Anzahl von Menschen gesehen wird. Dies ist darauf zurückzuführen, dass sogenannte „Impulskäufe" eine entscheidende Rolle spielen. Diese Käufe werden durch verschiedene Faktoren ausgelöst, darunter das Design des Webshops und die Überzeugungskraft des beworbenen Produkts. Potenzielle Kunden*innen müssen das Gefühl haben, dass sie das beworbene Produkt unbedingt besitzen müssen, was einen direkten Einfluss auf den Verkauf hat. Daher werden Werbeanzeigen auf Plattformen geschaltet, die darauf abzielen, die Emotionen der Nutzer*innen anzusprechen und zu überzeugen. [44]

Im Dropshipping-Geschäft, ähnlich wie bei anderen Geschäftsmodellen, hängt der Umsatz größtenteils von Werbeanzeigen ab. Diese müssen innerhalb weniger Sekunden die Aufmerksamkeit und Überzeugungskraft der potenziellen Kunden*innen gewinnen. Die Werbung muss sowohl überzeugend als auch einprägsam sein, da das Zeitfenster für eine erfolgreiche Überzeugung sehr klein ist. Bei Unternehmen im Dropshipping-Sektor, die oft nicht über das gleiche Image wie große Konzerne wie Apple oder Amazon verfügen und eher eine begrenzte Kundenbasis haben, ist es entscheidend, kontinuierlich in Werbung zu investieren. [44]

Die Auswahl der Plattformen für Werbeanzeigen ist ebenfalls von großer Bedeutung. Häufig genutzte Plattformen wie Facebook, Instagram und Google-Ads sind beliebte Optionen für Dropshipper, um ihre Produkte einem breiten Publikum zu präsentieren und potenzielle Kunden*innen zu erreichen. In diesem ständigen Prozess der Werbungsausgaben liegt der Fokus darauf, neue Kunden*innen anzusprechen, während Kunden*innen, die bereits Kontakt hatten, eine nachgeordnete Rolle spielen. Dies liegt daran, dass wiederholte Werbung bei Kunden*innen, die bereits zuvor nicht überzeugt wurden, als ineffizient betrachtet wird und Ressourcen stattdessen auf potenziell überzeugbare neue Kunden*innen gerichtet werden. [44]

Bei der Schaltung von Werbeanzeigen auf Facebook gibt es zwei Hauptarten: bezahlte Werbung und Offline-Werbung. Der entscheidende Unterschied zwischen den beiden liegt darin, wie sie den Kunden*innen präsentiert werden. Bezahlte Werbung wird automatisch den Kunden*innen vorgeschlagen, während bei Offline-Werbung Kunden*innen lediglich eine Benachrichtigung erhalten, wenn ihre Benachrichtigungseinstellungen auf Plattformen wie Facebook aktiviert sind. Studien haben gezeigt, dass bezahlte Werbung höhere Umsätze generiert als Offline-Werbung. [44]

Insbesondere haben sich Produktvideos als effektiver erwiesen als reine Produktfotos. Diese Videos bieten eine interaktivere und dynamischere Darstellung des Produkts, was dazu beiträgt, die Aufmerksamkeit der Zielgruppe zu gewinnen und das Interesse an dem beworbenen Produkt zu steigern. [44]

6.2 Green Marketing

Die erste Definition von Green Marketing entstand erstmals 1976 durch Hennion und Kinnear. In den letzten Jahren hat sich die Umweltfreundlichkeit zunehmend in den Fokus der internationalen Politik gerückt. Unternehmen bemühen sich daher verstärkt, ihre Produkte umweltfreundlicher herzustellen und entsprechend zu vermarkten, da sie darin die Möglichkeit sehen, hohe Profite zu erzielen. Produkte mit einem niedrigen Kohlendioxid (CO_2)-Fußabdruck gewinnen immer mehr Kunden*innen, die bereit sind, dafür einen Aufpreis zu zahlen. Diese Art von Produkten fördert einerseits die klimaneutrale Herstellung und andererseits den nachhaltigen Konsum durch die Implementierung geeigneter Marketingstrategien. Green Marketing muss zwei Bedingungen erfüllen: die umweltfreundliche Herstellung der Produkte und die Erfüllung der Kundenwünsche. Dieser Trend spiegelt sich in einem zunehmenden Bewusstsein für Umweltfragen und einem wachsenden Markt für nachhaltige Produkte wider. [45]

Eine Marketingstrategie besteht aus vier verschiedenen Schritten und diese sind:

- Segmentierung
- Zielausrichtung
- Positionierung
- Differenzierung

Die Unternehmen nutzen die Schritte der Segmentierung und Zielausrichtung, um potenzielle Kunden*innen im Bereich des Green Marketing zu identifizieren, das heißt, Personen mit einem hohen Interesse an umweltfreundlichen Produkten. Dabei wenden sie gezielte Marketingstrategien auf bestimmte Verbrauchergruppen an. Diese Gruppen können anhand verschiedener Kriterien bestimmt werden. Eine Möglichkeit der Segmentierung ist die demographische, bei der Menschen nach Alter, Geschlecht, Einkommen und Bildungsniveau gruppiert werden. Allerdings ist diese Methode nicht besonders effizient und liefert nur begrenzte Informationen über das Kaufverhalten der Verbraucher*innen im Zusammenhang mit umweltfreundlichen Produkten. Im Gegensatz dazu ist die psychographische Segmentierung effektiver, bei der Faktoren wie Meinungen und Lebensstil berücksichtigt werden. Eine weitere Variante ist die Verhaltenssegmentierung, bei der das Kaufverhalten der Verbraucher*innen analysiert und entsprechend gruppiert wird. [45]

Bei der Zielausrichtung geht es nicht darum, Menschen anzusprechen, die bereits ein Interesse an umweltfreundlichen Produkten haben. Im Gegenteil, die Marketingstrategie zielt darauf ab, jene anzusprechen, die potenziell Interesse an solchen Produkten haben könnten. Eine Strategie dafür ist es, die grünen Merkmale des Produkts indirekt zu präsentieren. Dies bedeutet, dass in der Produktbeschreibung darauf hingewiesen wird, dass die Produkte umweltfreundlich sind, ohne dass dieses Argument im Vordergrund steht oder alleinig ist. Auf diese Weise können Unternehmen gleichzeitig mehrere Zielgruppen ansprechen und ihre Bemühungen im Bereich des grünen Marketings verdeutlichen. Hierbei spielt auch das Online-Marketing eine wichtige Rolle. Durch das Internet können Unternehmen ihre Einstellungen zum Thema grünes Marketing, Umweltfreundlichkeit und Nachhaltigkeit mit den Menschen teilen. Eine verbesserte Segmentierung und Zielausrichtung ermöglicht es Unternehmen, ihre Umsätze zu steigern. [45]

Die Positionierung und die Differenzierung spielen im Bereich des Green Marketing eine entscheidende Rolle. Unternehmen sollten sich nicht nur darauf konzentrieren, nachhaltigere Produkte zu schaffen, sondern sich auch als besonders umweltbewusste Unternehmen darzustellen. Tatsächlich ziehen es Verbraucher*innen oft vor, grüne Produkte von umweltbewussten Unternehmen zu kaufen. Die Abstimmung ethischer Werte mit Marketingstrategien ist jedoch eine Herausforderung. Dennoch können Investitionen zur Steigerung des wahrgenommenen Werts von Nachhaltigkeitsinitiativen sich positiv auf die Kaufabsichten der Verbraucher*innen und ihr Vertrauen in umweltfreundliche Marken auswirken. [45]

Die Verbraucher*innen legen besonderen Wert auf die soziale Verantwortung von Unternehmen, und nachhaltige Aktivitäten wirken sich positiv auf das Markenimage und die Kundenbindung aus. Positionierungsstrategien, die die grünen Aspekte des Marketing-Mix effektiv kommunizieren, helfen, das Ansehen eines Unternehmens zu stärken. Allerdings kann ein zu intensiver Austausch von Informationen unter umweltbewussten Verbraucher*innen die Positionierung verwässern und die Bedeutung der Kundenbindung verringern. [45]

Eine grüne Marke kann sich durch verschiedene Merkmale von der Konkurrenz abheben. Diese Positionierung kann auf funktionalen oder emotionalen Eigenschaften der Produkte basieren. Eine Strategie, die sich auf die Funktionalität der Produkte konzentriert, kann durch die Betonung der Umweltvorteile von Produktionsprozessen oder Produktanwendungen gestärkt werden. Allerdings können ausschließliche Betonungen funktionaler Attribute für die Positionierung Nachteile mit sich bringen, wie etwa die Anfälligkeit für Nachahmungen, Annahmen über die Rationalität der Verbraucher*innen und eine verringerte Flexibilität oder Differenzierung der Marke. [45]

Ein alternativer Ansatz besteht in der emotionalen Positionierung, die auf drei potenziellen Vorteilen der Marke basiert: einem Gefühl des Wohlbefindens, der Möglichkeit, altruistisch zu handeln, und den Vorteilen, die aus den durch den Kontakt mit der Natur erlebten Empfindungen und Emotionen resultieren. Sowohl die funktionale als auch die emotionale Positionierung im Bereich des Green Managements haben eine positive Auswirkung auf die Einstellung zur Marke, wobei die stärkste Wirkung durch eine Kombination beider Positionierungsansätze erzielt wird. [45]

6.3 Greenwashing

Das Wort Greenwashing wurde als erstes im Jahr 1986 durch den Umweltschützer Jay Westervelt verwendet. [46] Greenwashing tritt auf, wenn Unternehmen oder andere Organisationen Aktivitäten durchführen und behaupten, sich um Umweltschutz und Nachhaltigkeit zu kümmern, obwohl ihre Motivationen in erster Linie finanzieller oder wirtschaftlicher Natur sind. [47] Das Bewusstsein für falsche Behauptungen bezüglich Nachhaltigkeit und Umweltfreundlichkeit, die von Unternehmen, gemeinnützigen Organisationen und Regierungen gemacht werden, wächst von Tag zu Tag. Diese Werbemaßnahmen dienen dazu, sich als umweltfreundlicher und nachhaltiger darzustellen, ohne tatsächlich signifikante Maßnahmen in diese Richtung zu ergreifen. Eine Studie der britischen und niederländischen Marktwettbewerbsbehörden ergab, dass etwa 40 Prozent der 500 untersuchten globalen Websites als Greenwashing einzustufen wären. Viele Länder haben Maßnahmen ergriffen, um dies zu verhindern und Verbraucher*innen vor falschen Behauptungen zu schützen. Das aktuelle Problem liegt darin, dass es keine präzise Definition von Greenwashing gibt, was es schwierig macht, Unternehmen oder ihre Aktivitäten als solche zu kennzeichnen. [48]

Die Abbildung 6.3 präsentiert fünf Arten von Täuschungen, die Unternehmen nutzen, um sich in einem positiveren Licht bezüglich ihrer Nachhaltigkeitspraktiken darzustellen. Die erste Art beinhaltet vage oder zweideutige Argumente, die dazu dienen, Verwirrung zu stiften und den Anschein von Nachhaltigkeit zu erwecken, ohne konkrete Verpflichtungen einzugehen. Auf diese Weise können sich Unternehmen später verteidigen, indem sie behaupten, dass ihre Aussagen missverstanden wurden. Die zweite Art bezieht sich auf direkte Falschaussagen, bei denen Unternehmen bewusst unwahre Behauptungen machen, um ihr Image zu verbessern. Die dritte Art beinhaltet Auslassungen, bei denen Unternehmen wichtige Informationen auslassen oder zurückhalten, um ein bestimmtes

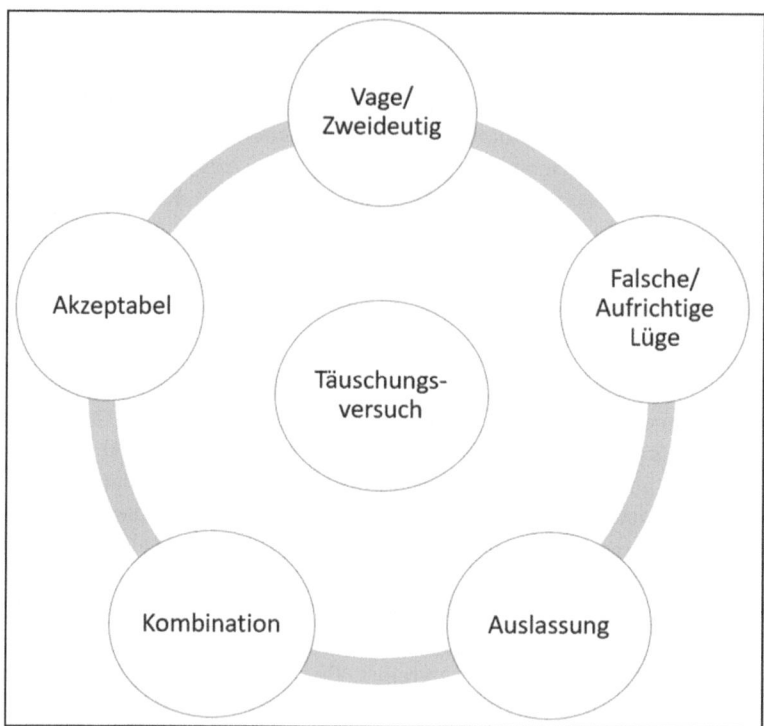

Abbildung 6.3 Behauptung der Täuschung im bezugnehmen auf Greenwashing [46]

Bild von Nachhaltigkeit zu vermitteln. Als vierte Möglichkeit gibt es die Kombination verschiedener Täuschungstechniken, bei denen Unternehmen mehrere Strategien gleichzeitig einsetzen, um ihre Glaubwürdigkeit zu stärken. Schließlich gibt es die akzeptable Täuschung, bei der keine der genannten Täuschungsmethoden zum Einsatz kommt und Unternehmen transparent und ehrlich über ihre Nachhaltigkeitsbemühungen informieren. [46]

Die steigende Sensibilität der Gesellschaft für Umweltschutz und Nachhaltigkeit setzt Unternehmen zunehmend unter Druck, sich den Erwartungen ihrer Kunden*innen anzupassen. Diese Entwicklung erfordert von Unternehmen oft schnelle Anpassungen, um den wachsenden Bedarf an umweltfreundlichen Produkten und Dienstleistungen zu erfüllen. Dabei stehen sie vor der Herausforderung, glaubwürdige und authentische Nachhaltigkeitsbemühungen umzusetzen.

6.3 Greenwashing

Angesichts dieses Drucks und der Komplexität, echte Nachhaltigkeit zu erreichen, neigen einige Unternehmen dazu, Greenwashing zu betreiben. Durch Greenwashing geben sie vor, umweltbewusst zu handeln, während ihre tatsächlichen Maßnahmen oft nicht den versprochenen Ansprüchen entsprechen. Diese Praktiken können auf verschiedenen Ebenen stattfinden, sei es auf Unternehmensebene durch die Gestaltung einer „grünen" Unternehmensidentität oder auf Produktbasis durch das Hervorheben von Umweltaspekten, die in Wirklichkeit geringfügig sind. Greenwashing kann sich in verschiedenen Formen manifestieren, wie zum Beispiel „Whitewashing", „Echo-Washing", „Green Makeup" und „Green Sheen". Trotz dieser Täuschungsversuche zeigen Verbraucher*innen jedoch ein zunehmendes Interesse an authentisch umweltfreundlichen Marken und Produkten. [49]

Kaufentscheidungsprozess von Kunden 7

Der Kaufentscheidungsprozess umfasst verschiedene Phasen, die je nach Individuum und Situation unterschiedlich lang dauern können. Es gibt zwei Perspektiven, aus denen dieser Prozess betrachtet werden kann. Zum einen kann lediglich der Endzustand betrachtet werden, nämlich der Kauf der Ware. Zum anderen kann der gesamte Ablauf von der Entstehung des Bedarfs bis zum tatsächlichen Kauf der Ware betrachtet werden. [50]

Um den Kaufentscheidungsprozess in dieser Arbeit zu veranschaulichen, wird das Fünf-Phasenmodell von Kotler, auch bekannt als Phasenmodell, herangezogen. Im Gegensatz dazu steht das Stufenmodell nach Homburg. Das Phasenmodell von Kotler beschreibt den Kaufentscheidungsprozess als eine Abfolge zeitlich aufeinanderfolgender Prozesse. Jedoch ist dies nicht immer der Fall, insbesondere bei Kaufentscheidungen für Gebrauchsgüter. Bei diesen kommen nicht alle Phasen des Phasenmodells zwangsläufig vor. [51]

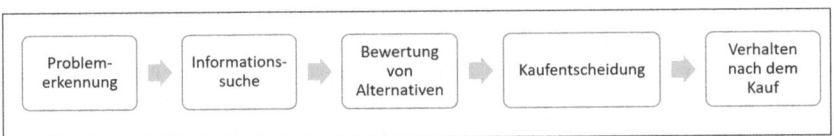

Abbildung 7.1 Fünf-Phasenmodell nach Kotler [51]

Ergänzende Information Die elektronische Version dieses Kapitels enthält Zusatzmaterial, auf das über folgenden Link zugegriffen werden kann https://doi.org/10.1007/978-3-658-47602-1_7.

© Der/die Autor(en), exklusiv lizenziert an Springer Fachmedien Wiesbaden GmbH, ein Teil von Springer Nature 2025
A. S. Kainth, *Dropshipping Expansion von Indien in die Vereinigten Staaten von Amerika*, BestMasters, https://doi.org/10.1007/978-3-658-47602-1_7

Die Abbildung 7.1 zeigt die fünf Phasen aus dem Fünf-Phasenmodell nach Kotler. Dieses Modell beschreibt, dass Konsumenten*innen bei Kaufentscheidungen in der Regel fünf Phasen durchlaufen. Gewohnheits- und Impulskäufe bilden Ausnahmen, bei denen Verbraucher*innen entweder schnell eine Ware erwerben oder regelmäßig dasselbe Produkt oder dieselbe Marke kaufen, wodurch Phasen wie die Informationssuche übersprungen werden können. Es verdeutlicht, wie Verbraucher*innen bei der Entscheidung für ein neues Produkt vorgehen und welche Phasen sie dabei durchlaufen. [51]

7.1 Problemerkennung

In der ersten Phase, der Problemerkennungsphase, entsteht erstmals ein Bedarf oder Wunsch nach einem Produkt, da den Konsumenten*innen etwas in ihrem Leben fehlt. Dieser Zustand wird als Mangelzustand bezeichnet, da er das Glücksempfinden beeinträchtigt und als unvollkommen angesehen wird. Die Menschen streben danach, diesen Zustand zu verbessern, indem sie versuchen, ihre Bedürfnisse zu erfüllen. Sobald sie aktiv werden, um diesen Zustand zu ändern, wird aus einem Bedürfnis ein Bedarf. [52]

Der Mangelzustand kann durch interne oder externe Faktoren ausgelöst werden. Interne Treiber können beispielsweise Hunger sein, bei dem das Gefühl des Mangels aus dem Inneren heraus entsteht. Im Gegensatz dazu gibt es externe Treiber wie Werbung. Wenn jemand eine Anzeige für ein Produkt sieht und plötzlich das Bedürfnis verspürt, es zu besitzen, wird der Mangelzustand von außen beeinflusst. [51]

Des Weiteren muss zwischen einem tatsächlichen Mangelzustand und einer neuen Möglichkeit unterschieden werden. Das bedeutet, es kann entweder wirklich an etwas im Leben fehlen, wie zum Beispiel wenn der Tank eines Autos leer ist und aufgefüllt werden muss, um weiterfahren zu können. Im Gegensatz dazu gibt es die Situation, in der bereits ein Produkt vorhanden ist, aber die Konsument*innen stattdessen eine neue Option in Betracht ziehen, wie zum Beispiel den Kauf eines neuen Smartphones. [50]

7.2 Informationssuche

Die zweite Phase des Fünf-Phasenmodells ist die Informationssuche. In dieser Phase begeben sich die Konsument*innen auf die Suche nach einem neuen Produkt. Je vielfältiger ein Produkt ist, desto gründlicher muss die Informationssuche sein, und die Konsument*innen streben danach, so viele Informationen wie möglich zu sammeln, um eine fundierte Entscheidung treffen zu können. Dabei greifen dir Konsument*innen auf eine Vielzahl von potenziellen Quellen zurück, die sowohl extern als auch intern sein können, wobei interne Quellen als besonders effektiv gelten. Interne Quellen umfassen persönliche Erfahrungen, während externe Quellen Websites, soziale Medien, Empfehlungen von Freunden*innen oder Verkaufsberater*innen sein können. [51]

In dieser Phase fokussieren sich die Konsumenten*innen auf verschiedene Marken und Produktvarianten. Diese Phase kann in mehrere Unterkategorien unterteilt werden:

- Total Set (Gesamtmenge)
- Awareness Set (Bekanntheitsmenge)
- Consideration Set (Betrachtungsmenge oder Berücksichtigungsmenge)
- Choice Set (Auswahlmenge)

Zuerst erfolgt die Phase des Total Sets, in der die Konsumenten*innen alle auf dem Markt verfügbaren Marken betrachten. Basierend auf ihren Vorlieben oder den bereits bekannten Marken gelangen einige davon in das Awareness Set. Anschließend erfolgt das Consideration Set, in dem nur Produkte oder Waren berücksichtigt werden, die bestimmte Kaufkriterien erfüllen. Schließlich wird eine Auswahl aus den Produkten getroffen, die in das Choice Set gelangt sind. [51]

7.3 Bewertung von Alternativen

Während der Bewertungsphase setzen die Konsumenten*innen ihren Entscheidungsprozess fort, indem sie die verschiedenen verfügbaren Produkte in Betracht ziehen und anhand individueller Kriterien analysieren. Hierbei bewerten sie nicht nur die Merkmale und Eigenschaften der Produkte, sondern auch deren Preis, Qualität, Markenimage und potenzielle Alternativen. Persönliche Vorlieben, Bedürfnisse und finanzielle Einschränkungen spielen ebenfalls eine wichtige Rolle. Diese Phase ist entscheidend, da sie den eigentlichen Kaufentschluss beeinflusst und den Konsumenten*innen dabei hilft, die für sie optimale Wahl zu treffen. [50]

Nach der Bewertung der verschiedenen Optionen treffen die Konsumenten*innen eine geistige Kaufentscheidung und wählen ein bestimmtes Produkt aus. Dabei berücksichtigen sie alle gesammelten Informationen und fällen ihre endgültige Entscheidung darüber, welches Produkt sie kaufen möchten. Zusätzlich entscheiden sie, wie viel sie von dem Produkt kaufen möchten und wann sie den Kauf tätigen werden. Diese Phase des Entscheidungsprozesses bildet den Höhepunkt der Evaluierung und führt schließlich zur Kaufabsicht und -handlung. [50]

7.4 Kaufentscheidung

Die Absicht zum Kauf ist nicht unbedingt in Stein gemeißelt und kann sich immer noch ändern, selbst nachdem ein*e potenzielle*r Kund*in eine vorläufige Entscheidung getroffen hat. Dabei spielen verschiedene Faktoren eine Rolle, darunter unerwartete Ereignisse oder finanzielle Überlegungen. Zum Beispiel kann die negative Meinung einer anderen Person die Meinung eines potenziellen Kunden*innen stark beeinflussen, wenn diese ihre Erfahrungen teilt. Dies führt dazu, dass die Kunden*innen ihre Kaufentscheidung erneut überdenken und möglicherweise ihre Meinung ändern. [51]

Die Abbildung 7.2 veranschaulicht die beschriebene Situation der Umentscheidung. Sie zeigt, dass die Kaufentscheidung nicht in Stein gemeißelt ist, sondern im Nachhinein noch geändert werden kann. Sobald dies der Fall ist, muss Phase 3 erneut durchlaufen werden, und die Konsumenten*innen müssen die Alternativen erneut bewerten und eine neue Kaufentscheidung treffen. [51]

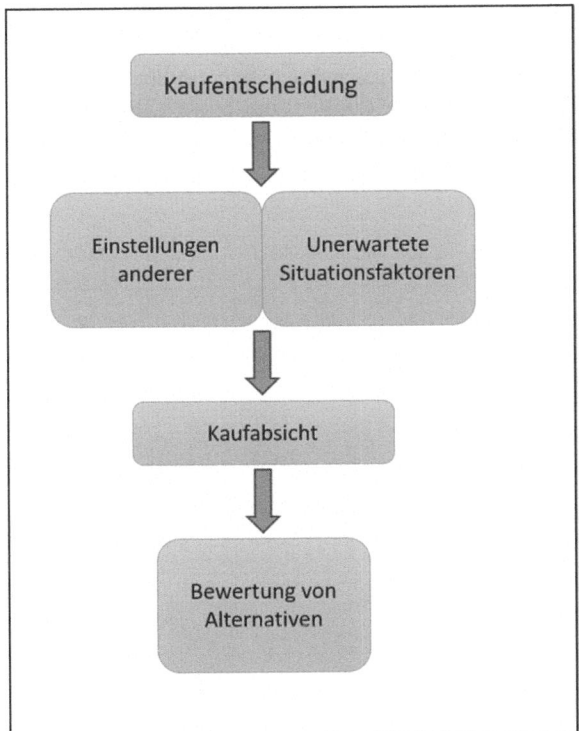

Abbildung 7.2 Erneute Kaufentscheidung [51]

7.5 Verhalten nach dem Kauf

In der abschließenden Phase des Kaufentscheidungsprozesses bewerten die Kunden*innen das erworbene Produkt anhand ihrer Erwartungen und Kriterien. Dabei entscheidet er, ob er mit dem Kauf zufrieden ist oder nicht. Diese Zufriedenheit hängt davon ab, ob das Produkt seine Erwartungen hinsichtlich Leistung und Qualität erfüllt hat. Eine positive Bewertung führt dazu, dass die Kunden*innen das Produkt wahrscheinlich weiterempfehlen oder erneut kaufen wird. [51]

Eine negative Bewertung hingegen führt dazu, dass die Kunden*innen das Produkt nicht erneut erwerben möchten und es möglicherweise auch nicht weiterempfehlen werden. Das Kundenverhalten kann somit anderen Kunden*innen als Referenz dienen und ihre eigenen Kaufentscheidungen beeinflussen, was dazu führen kann, dass sie ihre Auswahl erneut überdenken. Diese post-purchase Phase ist daher von entscheidender Bedeutung für das Markenimage und die Kundenbindung. Die Unternehmen müssen sicherstellen, dass ihre Produkte die Erwartungen der Kunden*innen erfüllen, um positive Bewertungen zu erhalten und eine langfristige Kundenbeziehung aufzubauen. [51]

Experteninterviews und Fragebogen 8

Um die Forschungsfragen dieser Masterarbeit zu beantworten, kommen zwei unterschiedliche Methoden zum Einsatz. Die erste Forschungsfrage wird durch Experteninterviews beantwortet, während zur Klärung der zweiten Forschungsfrage eine Online-Umfrage mit Fragebogen durchgeführt wird. Zur detaillierten Erläuterung dieser beiden Methodiken wird eine umfassende Literaturrecherche vorgenommen.

8.1 Experteninterviews

Bei einem Interview wird eine Person mündlich befragt, wobei gezielte Fragen mit einer wissenschaftlichen Zielsetzung gestellt werden. Für Experteninterviews werden ein oder mehrere Experten*innen benötigt, wobei als Expert*in nur jene Person bezeichnet wird, die selbst Teil des Forschungsgegenstandes ist. Die Interviews werden in verschiedene Kategorien unterteilt, die in Tabelle 8.1 dargestellt sind. Dies ist eine qualitative Methode zur Beantwortung einer Forschungsfrage. Im Gegensatz dazu gibt es die quantitative Methode, diese wird im Abschnitt 8.2 dieser Arbeit beschrieben. [53]

Ergänzende Information Die elektronische Version dieses Kapitels enthält Zusatzmaterial, auf das über folgenden Link zugegriffen werden kann https://doi.org/10.1007/978-3-658-47602-1_8.

Tabelle 8.1 Klassifizierung von Interviews [53]

Klassifizierung von Interviews	
Kategorien	Ausprägungen
Standarisierungsgrad	Vollständig,- Halb,- Teil,- oder Nichtstandarisiert
Autoritätsanspruch der Interviewer*innen	Weich, Neutral, Hart
Art des Kontaktes	Direktes (persönliches) oder indirektes (telefonisch)
Anzahl der Befragten	Einzel,- oder Gruppeninterview
Funktion	Vermittelnd oder ermittelnd

In dieser Masterarbeit werden zur Datenerhebung halbstandardisierte und indirekte Interviews eingesetzt. Bei dieser Methode werden die Fragen in einer festgelegten Reihenfolge gestellt, während die Antwortmöglichkeiten offenbleiben. Im Gegensatz dazu würden bei einem vollstandardisierten Interview sowohl die Fragen als auch die Antworten vorgegeben sein, während bei einem nichtstandardisierten Interview keine festen Vorgaben existieren. Die indirekten Interviews werden dabei online durchgeführt. [53]

8.2 Fragebogen

Die Verwendung von Online-Umfragen stellt eine quantitative Methode dar, um Forschungsfragen zu beantworten. Durch solche Fragebögen werden Meinungen und Erfahrungen verschiedener Menschen erfasst. Diese können entweder spezifische und begrenzte Fragestellungen umfassen oder auch Raum für offene Antworten bieten. Die Fragen sind in der Regel vorgegeben, um präzise Informationen zu bestimmten Themen von den Befragten zu erhalten. Die Zielgruppe der Befragung besteht aus spezifischen Personengruppen. Die Durchführung der Umfragen kann sowohl elektronisch als auch manuell erfolgen. [54]

Die Online-Umfragen lassen sich effizient mit Softwarelösungen oder Webdiensten wie Google Forms erstellen. Google Forms ist für kleinere Umfragen geeignet und präsentiert Ergebnisse in Form von Grafiken und Tabellen. Das Programm führt die Teilnehmer*innen mithilfe von eingebauten Datenvalidierungsregeln durch die Fragen und stellt sicher, dass die Fragenreihenfolge

8.2 Fragebogen

auf Grundlage der Antworten auf vorherige Fragen korrekt ist. Google Forms ermöglicht die Verwendung verschiedener Fragetypen, einschließlich:

- Multiple-Choice-Fragen
- Single-Choice-Fragen
- Offene Fragen mit der Option kurze oder ausführliche Antworten [54]

Die Online-Umfragen bieten mehrere Vorteile: Sie sind zeiteffizient und kostengünstig in der Durchführung. Sie ermöglichen es, Personen zu erreichen, die ansonsten schwer zugänglich wären. Die elektronische Datenerfassung erlaubt eine schnellere Bearbeitung und effiziente Speicherung der Daten. Zudem bieten sie flexible Möglichkeiten zur Datenvisualisierung. Online-Umfragen können jederzeit gestartet, pausiert oder beendet werden. [54]

Die Nachteile von den Online-Umfragen sind, dass die Teilnahme der Befragten von ihrer verfügbaren Zeit abhängt. Zudem können Online-Umfragen nur begrenzte Einblicke in die vollständige Forschungsarbeit bieten. Die Teilnahmequote bei solchen Umfragen kann ebenfalls niedriger sein. [54]

Die Daten, die aus der Umfrage ermittelt wurden, werden mit der Software SPSS ausgewertet. SPSS steht für Statistical Package for the Social Sciences. Die Software bietet eine große Anzahl von möglichen statistischen Analysen, angefangen von den deskriptiven Statistiken bis hin zu komplexen multivarianten Analysen, die damit ausgewertet werden können. Für die Auswertung der Umfrage wird das Kreuztabellenverfahren verwendet. Da die Umfrage größtenteils Fragen enthielt, die mit mehreren textbasierten Antwortmöglichkeiten versehen waren, und nur wenige Fragen, die numerische Antworten erforderten, erwies sich das Kreuztabellenverfahren als effizienteste Methode zur Auswertung der Umfrage. [55]

Beeinflussung der Kaufentscheidungen der Konsumenten*innen durch Nachhaltigkeitenbemühungen der Unternehmen

Um die zweite Forschungsfrage zu beantworten, wurde ein Fragebogen entwickelt, der insgesamt 14 Fragen umfasste. Von den 14 Fragen waren 13 geschlossene Fragen und eine teilweise offene Frage. Die Fragen hatten zwei bis fünf Antwortmöglichkeiten zur Auswahl. Diese Fragen wurden in englischer Sprache formuliert und an Studierende in Indien verschickt. Der Hintergrund dafür ist, da es sich um indische Dropshipping Unternehmen handelt, sollten auch spezifischen Einblicke der indischen Konsumenten*innen zu Dropshipping-Unternehmen und deren Nachhaltigkeitspraktiken gewonnen werden. Für die Durchführung der Umfragen wurde Google Forms verwendet, eine kostenlose Plattform, die den Zugang für Teilnehmenden ohne vorherige Registrierung ermöglicht und die Ergebnisse der Umfragen kostenlos bereitstellt. Des Weiteren kann die Plattform Google Forms einfach aktiviert und deaktiviert werden. Die Verteilung der Umfragen erfolgte über einen Link, welcher in dem Zeitraum 20 März 2024 bis 27 März 2024 aktiv geschalten war. Es wurden folgende Fragen in der Umfrage an den Befragten gestellt:

1. **Geschlecht**
   - Männlich
   - Weiblich
   - Divers
2. **Alter**
   - 15–20
   - 21–25
   - 26–30
3. **Nutzen den Sie E-Commerce in ihrem privaten oder beruflichen Umfeld?**
   - Privat
   - Beruflich

4. **Ist Ihnen die Umweltfreundlichkeit von den Produkten beim Einkaufen wichtig?**
   - Ja
   - Nein
5. **Haben Sie in der Vergangenheit umweltfreundliche Produkte gekauft?**
   - Ja
   - Nein
6. **Wie oft haben sie in der Vergangenheit umweltfreundliche Produkte gekauft?**
   - 0–5 Mal
   - 6–10 Mal
   - 11–20 Ma
7. **Wie wichtig ist es Ihnen, dass Unternehmen wo sie einkaufen, sich um Umweltbelange kümmern?**
   - Sehr wichtig
   - Wichtig
   - Neutral
   - Weniger wichtig
   - Gar nicht wichtig
8. **Beeinflusst die Umweltfreundlichkeit des Produkts Ihre Kaufentscheidung?**
   - Ja, definitiv
   - Ja, meistens
   - Manchmal
   - Selten
   - Nein, nie
9. **Wie oft informieren Sie sich über die Umweltbemühungen von Unternehmen, wo sie einkaufen oder einkaufen wollen, bevor Sie deren Produkte kaufen?**
   - Vor jedem Kauf
   - Gelegentlich
   - Selten
   - Nie
10. **Welche Faktoren sind für Sie entscheidend, wenn es um den Kauf von umweltfreundlichen Produkten geht?**
    - Preis
    - Qualität
    - Umweltfreundlichkeit
    - Marke

- Andere (bitte angeben)
11. **Würden Sie eher Produkte von Unternehmen kaufen, die sich aktiv für Umweltschutz und Nachhaltigkeit einsetzen?**
    - Ja
    - Nein
    - Vielleicht
12. **Wie viel sind Sie bereit, für umweltfreundliche Produkte im Vergleich zu herkömmlichen Produkten zu zahlen?**
    - 10–20 % mehr
    - 20–30 % mehr
    - 30–40 % mehr
    - Mehr als 40 % mehr
    - Kein Unterschied
13. **Haben Sie das Gefühl, dass Unternehmen, die sich um Umweltfragen kümmern, eine höhere Glaubwürdigkeit haben?**
    1. Ja
    2. Nein
    3. Nicht sicher
14. **Würden Sie eher einem Unternehmen vertrauen, das nachhaltige Praktiken in seiner Geschäftstätigkeit umsetzt als einer der es nicht tut?**

- Ja, definitiv
- Ja, wahrscheinlich
- Nein, wahrscheinlich nicht
- Nein, definitiv nicht

Die erste Frage des Fragebogens zielte darauf ab, das Geschlecht der Teilnehmenden zu ermitteln. Aus der Auswertung der Daten geht hervor, dass von insgesamt 134 Teilnehmenden 85 männlich sind, was einem Anteil von 63,4 % entspricht. 47 Teilnehmende identifizierten sich als weiblich, was 35,1 % der Gesamtteilnehmenden ausmacht. Zwei Personen gaben an, divers zu sein. Somit zeigt sich, dass etwa zwei Drittel der Befragten männlich und ein Drittel weiblich sind, während eine geringe Anzahl der Teilnehmenden sich als divers einordnet (Abbildung 9.1).

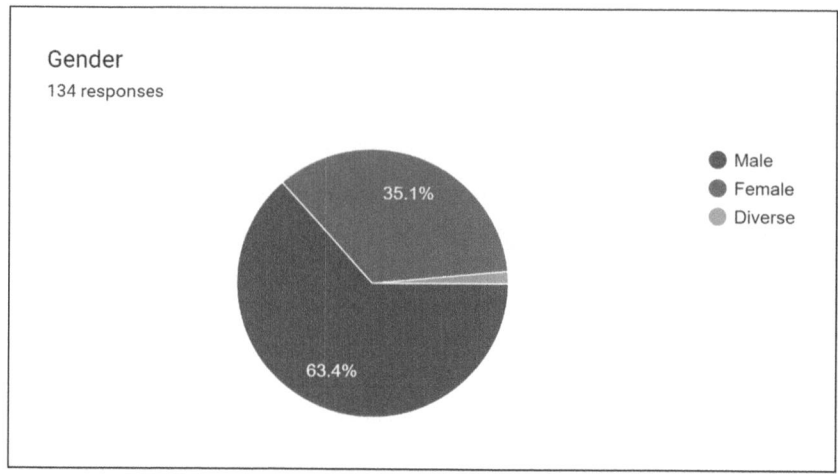

Abbildung 9.1 Frage 1 der Umfrage zum Geschlecht

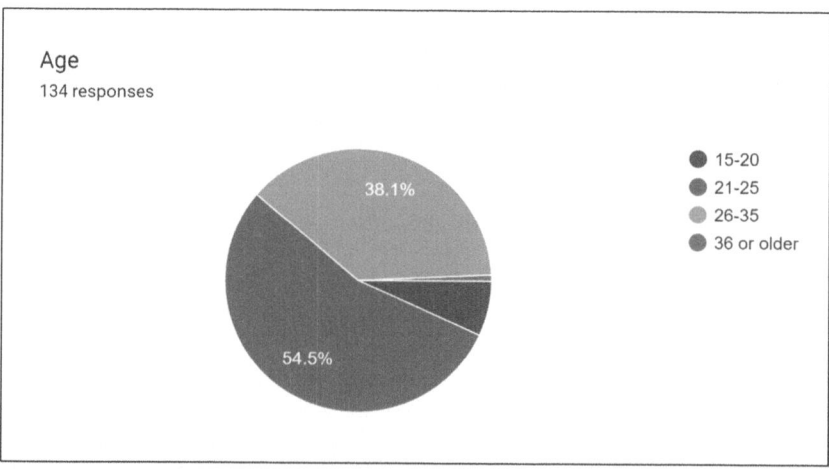

Abbildung 9.2 Frage 2 der Umfrage zum Alter

9 Beeinflussung der Kaufentscheidungen der Konsumenten*innen ...

Die zweite Frage des Fragebogens konzentrierte sich auf das Alter der Teilnehmenden. Da sich die Masterarbeit auf junge Menschen fokussiert, wurde diese Frage gestellt, um die Eignung der Teilnehmenden für die Umfrage zu bestimmen. Gemäß Abbildung 9.2 sind 54,5 Prozent der Teilnehmenden im Alter von 21 bis 25 Jahren, was mehr als die Hälfte der Teilnehmenden ausmacht. Die Altersgruppe von 26 bis 35 Jahren nimmt mit 38,1 Prozent den zweiten Platz ein. Ein blauer Balken in der Grafik zeigt, dass neun Teilnehmende zwischen 15 und 20 Jahren alt sind. Ein Teilnehmender ist 36 Jahre oder älter. Angesichts der Tatsache, dass die Umfrage an Studierende gerichtet war, ist es nachvollziehbar, dass die Mehrheit der Teilnehmenden zwischen 21 und 25 Jahren alt ist (Abbildung 9.3).

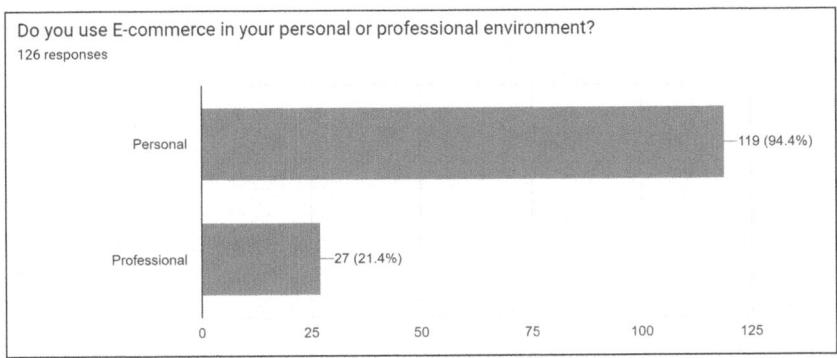

Abbildung 9.3 Frage 3 der Umfrage zur Nutzung von E-Commerce im persönlichen und beruflichen Umfeld

Die Frage drei der Umfrage zielte darauf ab, Einblicke in die Nutzung des Online-Handels im privaten oder beruflichen Umfeld der Teilnehmenden zu gewinnen. Einige Teilnehmende haben keine Antwort auf diese Frage gegeben, was in der nachfolgenden Auswertung berücksichtigt wurde. Es gab bei dieser Frage die Mehrfachantwortmöglichkeit. Aus der Grafik geht hervor, dass 119 Teilnehmende, entsprechend 94,4 Prozent, den Online-Handel im privaten Kontext nutzen. Im beruflichen Kontext nutzen ihn hingegen nur 27 Personen, was 21,4 Prozent der Teilnehmenden entspricht. Diese Daten verdeutlichen eine deutlich höhere Nutzung des Online-Handels im privaten Bereich im Vergleich zum beruflichen Umfeld (Abbildung 9.4).

Die vierte Frage der Umfrage zielte darauf ab, die Bedeutung der Umweltfreundlichkeit von Produkten aus Sicht der Teilnehmenden zu erfassen. Diese

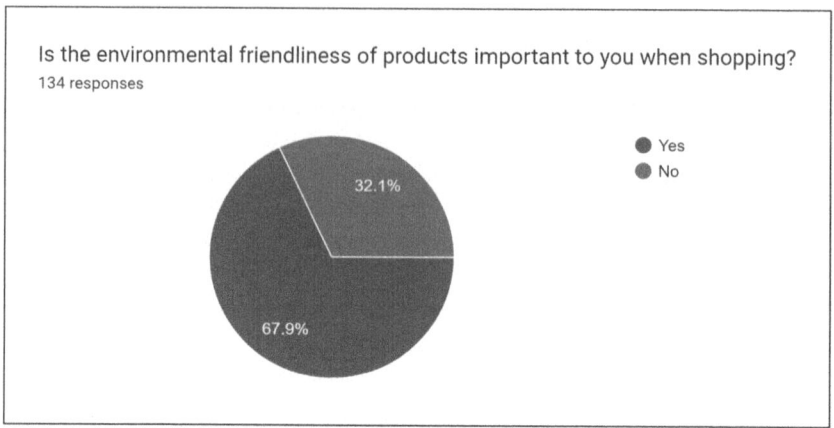

Abbildung 9.4 Frage 4 der Umfrage zur Bedeutung der Umweltfreundlichkeit von Produkten für Konsumenten

Frage sollte aufzeigen, inwieweit die Befragten Wert auf Nachhaltigkeit bei ihren Einkäufen legen. Die Analyse der Grafik zeigt, dass mehr als zwei Drittel der Teilnehmenden, nämlich 67,9 Prozent, Nachhaltigkeit beim Einkaufen als wichtig erachten. Ein Drittel der Befragten hat diese Frage mit „Nein" beantwortet, was darauf hindeutet, dass für diese Gruppe Umweltfreundlichkeit bei Produkten keine wesentliche Rolle spielt (Abbildung 9.5).

Die Frage fünf der Umfrage bezog sich darauf, ob die Teilnehmenden in der Vergangenheit bereits umweltfreundliche Produkte erworben haben. Diese Frage zielte nicht auf eine spezifische Produktkategorie ab, sondern sollte lediglich einen allgemeinen Überblick bieten. Die Ergebnisse zeigen, dass 77,4 Prozent der Teilnehmenden angaben, bereits umweltfreundliche Produkte gekauft zu haben, während 22,6 Prozent dies verneinten. Interessanterweise liegt dieser Prozentsatz höher als der Anteil derjenigen, die die Umweltfreundlichkeit von Produkten als wichtig betrachten (67,9 Prozent). Dies könnte darauf hindeuten, dass einige Personen umweltfreundliche Produkte erworben haben, ohne sich dessen bewusst zu sein, oder aus anderen Gründen als der Umweltfreundlichkeit (Abbildung 9.6).

9 Beeinflussung der Kaufentscheidungen der Konsumenten*innen ...   75

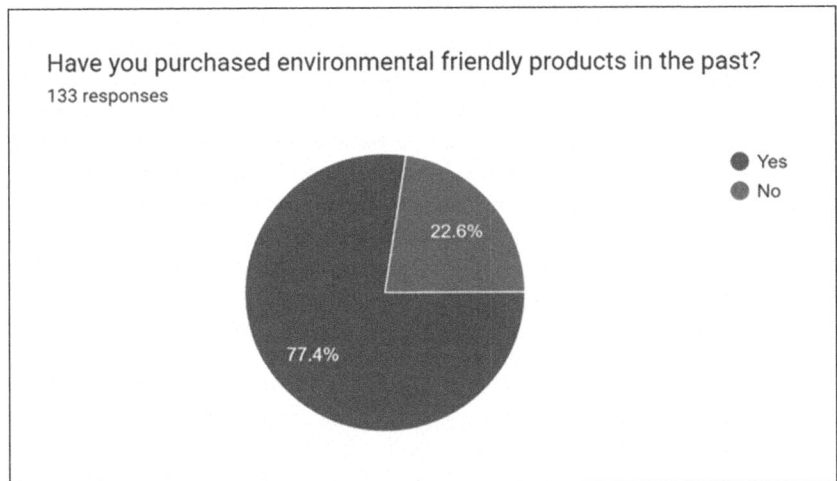

Abbildung 9.5 Frage 5 der Umfrage zum Kaufverhalten bezüglich umweltfreundlicher Produkte

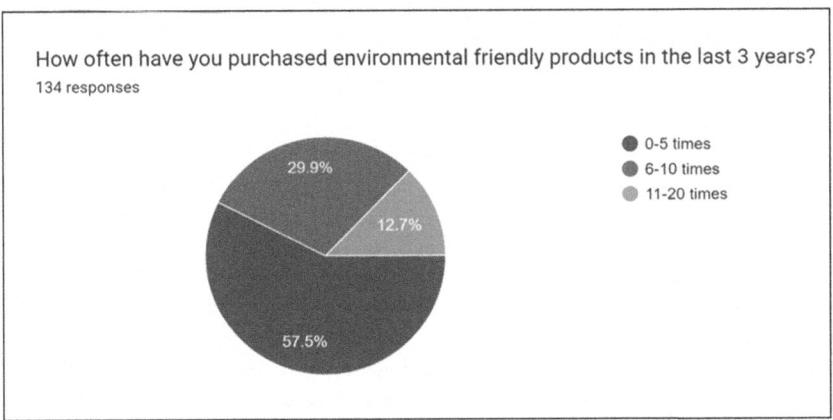

Abbildung 9.6 Frage 6 der Umfrage zur Kaufhäufigkeit umweltfreundlicher Produkte in den letzten 3 Jahren

Die Frage sechs der Umfrage zielte darauf ab, die Häufigkeit des Kaufs umweltfreundlicher Produkte durch die Teilnehmenden in den letzten drei Jahren zu ermitteln. Zur Auswahl gab es hierbei drei Optionen, nämlich 0- bis 5-mal, 6- bis 10-mal und 11- bis 20-mal. Die Ergebnisse zeigen, dass mehr als die Hälfte der Befragten angab, umweltfreundliche Produkte 0- bis 5-mal erworben zu haben. Dies könnte teilweise darauf zurückzuführen sein, dass diejenigen, die bei Frage fünf mit „Nein" antworteten, hier die Option „null" wählten. Darüber hinaus kreuzten 29,9 Prozent der Teilnehmenden an, dass sie umweltfreundliche Produkte 6- bis 10-mal gekauft haben. Die Antwortoption 11- bis 20-mal wurde von 17 Personen gewählt, was auf eine häufigere Kaufentscheidung umweltfreundlicher Produkte in dieser Gruppe hindeutet (Abbildung 9.7).

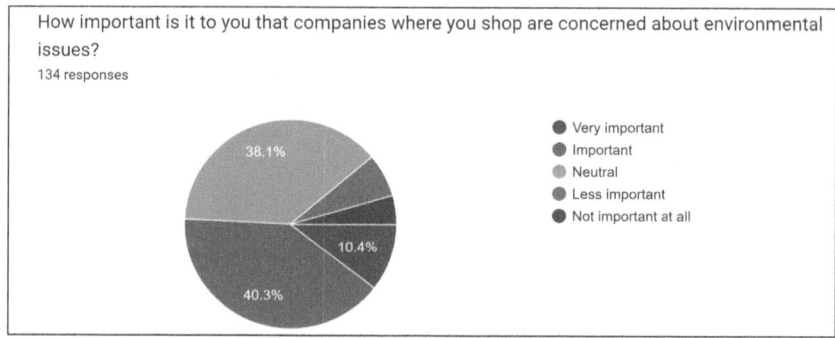

Abbildung 9.7 Frage 7 der Umfrage zur Bewertung der Wichtigkeit umweltbewusster Unternehmen

Diese Frage der Umfrage konzentrierte sich darauf, die Bedeutung, die die Teilnehmenden der Umweltfreundlichkeit der Unternehmen, bei denen sie einkaufen, beimessen, zu ermitteln. Den Teilnehmenden wurden fünf Antwortmöglichkeiten gegeben: sehr wichtig, wichtig, neutral, weniger wichtig und gar nicht wichtig. Die Grafik zeigt eine ungefähr gleiche Verteilung zwischen den Optionen „wichtig" und „neutral". Nämlich 40,3 Prozent der Teilnehmenden haben die Antwortmöglichkeit „wichtig" gewählt, während 38,1 Prozent sich für „neutral" entschieden haben. „Sehr wichtig" wurde von 10,4 Prozent der Befragten gewählt und damit auf den dritten Platz gesetzt. Die Option „weniger wichtig" wurde von neun Personen, 6,7 Prozent, ausgewählt. Sechs Personen, 4,5 Prozent,

9 Beeinflussung der Kaufentscheidungen der Konsumenten*innen ...

von 134 Befragten gaben an, dass es für sie „gar nicht wichtig" ist, ob die Unternehmen, bei denen sie einkaufen, auf Umweltfreundlichkeit achten oder nicht (Abbildung 9.8).

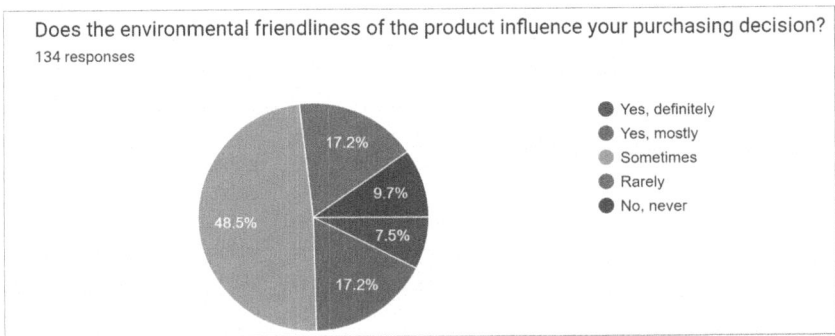

Abbildung 9.8 Frage 8 der Umfrage zum Einfluss der Umweltfreundlichkeit auf Kaufentscheidungen

Die Frage acht zielte darauf ab, den Einfluss der Umweltfreundlichkeit von Produkten auf die Kaufentscheidungen der Teilnehmenden zu untersuchen. Konkret sollte ermittelt werden, ob Aspekte der Umweltfreundlichkeit die Kaufentscheidungen der Menschen beeinflussen oder gar verändern. Die Mehrheit der Teilnehmenden, 48,5 Prozent, wählte die Antwortoption „manchmal". Es ist bemerkenswert, dass die Optionen „selten" und „Ja, meistens" jeweils von 17,2 Prozent der Befragten ausgewählt wurden. Weitere 9,7 Prozent der Teilnehmenden entschieden sich für „Nein, nie" und 7,5 Prozent für „Ja, auf jeden Fall". Diese Grafik deutet darauf hin, dass viele Teilnehmer*innen sich unsicher sind, ob und inwieweit die Umweltfreundlichkeit der Produkte ihre Kaufentscheidungen beeinflusst (Abbildung 9.9).

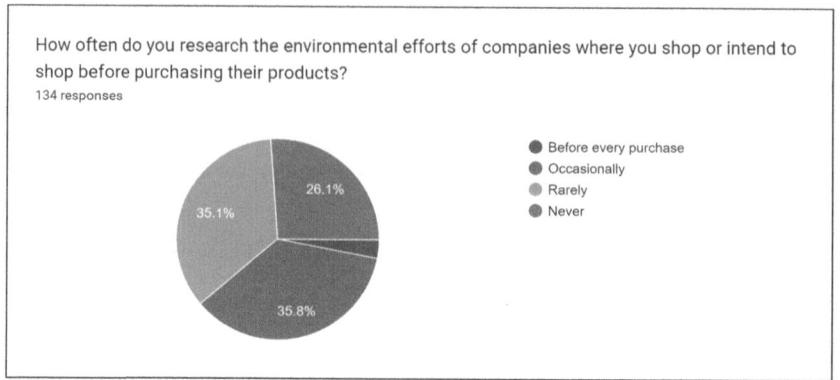

Abbildung 9.9 Frage 9 der Umfrage zur Häufigkeit der Recherche zu Umweltbemühungen von Unternehmen

Die Frage neun der Umfrage befasste sich mit dem Ausmaß, in dem sich die Teilnehmenden auf die Umweltfreundlichkeit von Produkten konzentrieren. Das Ziel dieser Frage war es festzustellen, ob Befragten vor dem Kauf von Produkten bewusst überprüfen, ob diese umweltfreundlich hergestellt wurden. Es standen vier Antwortmöglichkeiten standen zur Auswahl. Aus der Analyse der Grafik geht hervor, dass die Option „Vor jedem Einkauf" mit nur vier von 134 Teilnehmenden, die am wenigsten gewählte Antwort war. „Gelegentlich" wurde von 35,8 Prozent und „selten" von 35,1 Prozent der Befragten ausgewählt. 26,1 Prozent der Teilnehmenden gaben an, nie zu überprüfen, ob die Produkte umweltfreundlich hergestellt wurden. Somit zeigt sich, dass nur ein geringer Anteil, nämlich drei Prozent, der Teilnehmenden regelmäßig auf die Umweltfreundlichkeit der Produkte achtet. Die meisten Befragten achten nur selten oder gelegentlich darauf, während knapp über ein Viertel der Befragten nie darauf achtet. Daraus lässt sich abschließend sagen, dass viele Menschen bei ihren Einkäufen nicht bewusst nach umweltfreundlichen Produkten suchen oder darauf achten.

Die Frage zehn der Umfrage war teilweise offen gestaltet, wodurch den Teilnehmenden neben vorgegebenen Antwortoptionen auch die Möglichkeit gegeben wurde, eigene Antworten zu ergänzen. Es gab bei dieser Frage die Mehrfachantwortmöglichkeit. Die vorgegebenen Optionen umfassten Preis, Qualität, Umweltfreundlichkeit und Marke. Zusätzlich zu diesen Auswahlmöglichkeiten haben die Teilnehmenden weitere Faktoren angegeben, die ihre Kaufentscheidungen beeinflussen. Zu diesen selbst hinzugefügten Antworten gehörten:

9 Beeinflussung der Kaufentscheidungen der Konsumenten*innen ...

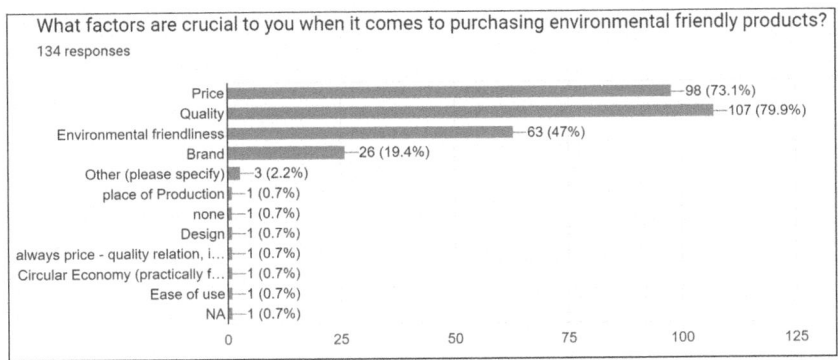

Abbildung 9.10 Frage 10 der Umfrage zur Entscheidungsfaktoren beim Kauf umweltfreundlicher Produkte

- Produktplatzierung
- Design
- Preis-Qualität-Relation
- Kreislaufwirtschaft
- Benutzerfreundlichkeit

In dieser Frage der Umfrage war es den Teilnehmenden erlaubt, mehrere Antworten auszuwählen. Laut Abbildung 9.10 legen die meisten Befragten besonderen Wert auf Preis und Qualität der Produkte, die sie erwerben möchten. Der Aspekt der Umweltfreundlichkeit folgt in der Prioritätensetzung, gefolgt von der Marke des Produkts. Die Umweltfreundlichkeit der Produkte von den Teilnehmenden als wichtiger erachtet als die Markenzugehörigkeit. Bei den selbst hinzugefügten Faktoren erhielt jede Kategorie nur eine einzelne Stimme. Die Grafik verdeutlicht, dass die Qualität der Produkte aus Sicht der Menschen im Vergleich zum Preis bevorzugt wird. Dies zeigt, dass neben Kostenüberlegungen auch qualitative Aspekte eine wesentliche Rolle in den Kaufentscheidungen spielen (Abbildung 9.11).

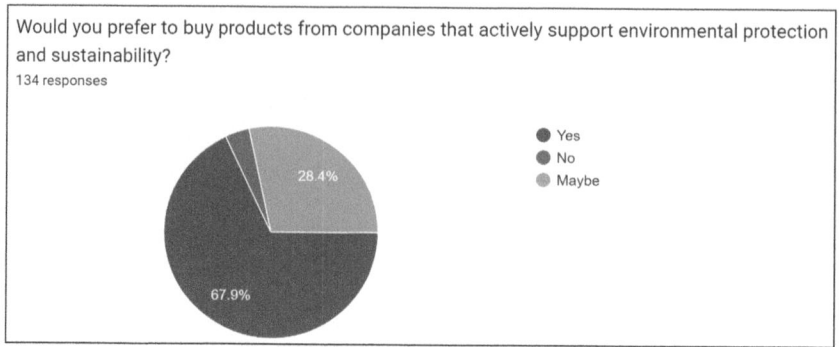

Abbildung 9.11 Frage 11 der Umfrage zur Präferenz für Produkte von umweltbewussten Unternehmen

Die Frage 11 zielte darauf ab, zu ermitteln, inwieweit das Engagement eines Unternehmens für Umweltfreundlichkeit die Kaufentscheidungen der Teilnehmenden beeinflusst. Aus den Ergebnissen sieht man, dass die Mehrheit der Befragten, über zwei Drittel, positiv auf Unternehmen reagiert, die sich für Umweltfreundlichkeit einsetzen, und angaben, bevorzugt dort einkaufen zu wollen. Etwa ein Drittel der Teilnehmenden zeigten sich unschlüssig und antworteten mit „vielleicht". Eine Minderheit von 3,7 Prozent würde dies nicht als Kriterium für ihre Kaufentscheidung betrachten. Diese Daten lassen darauf schließen, dass die Umweltfreundlichkeit und Nachhaltigkeit eines Unternehmens für einen Großteil der Teilnehmenden bei der Entscheidung, wo sie einkaufen, eine Rolle spielt und sie dann dementsprechend entscheiden, wo sie einkaufen wollen (Abbildung 9.12).

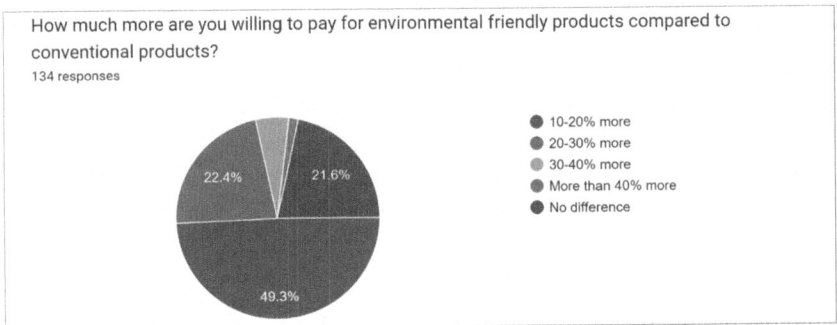

Abbildung 9.12 Frage 12 der Umfrage zur zusätzliche Kostenbereitschaft für umweltfreundliche Produkte

Die Frage 12 der Umfrage beschäftigte sich mit der Zahlungsbereitschaft für umweltfreundlichere Produkte im Vergleich zu Standardprodukten. Es wurden fünf Preiskategorien zur Auswahl gestellt, um festzustellen, in welchem Umfang die Teilnehmer*innen zu Zahlung eines Aufpreis bereit sind. Die Ergebnisse zeigen, dass 49,3 Prozent der Befragten bereit sind, einen Aufpreises von 10 bis 20 Prozent für umweltfreundlichere Produkte zu zahlen. Weitere 22,4 Prozent würden einen Aufpreis von 20 bis 30 Prozent in Kauf nehmen. Eine Minderheit von 5,2 Prozent wäre bereit, 30 bis 40 Prozent mehr zu zahlen, während nur 1,5 Prozent der Teilnehmenden angegeben haben, mehr als 40 Prozent zusätzlich zu zahlen. 21,6 Prozent der Befragten würden dagegen keinen Aufpreis für Umweltfreundlichkeit akzeptieren. Die Mehrheit der Befragten wäre bereit, einen kleinen Aufschlag von 10 bis Prozent auf den Preis für umweltfreundlichere Produkte zu zahlen, während nur eine Minderheit dazu geneigt wäre, mehr als ein Drittel zusätzlich zum normalen Kaufpreis zu entrichten (Abbildung 9.13).

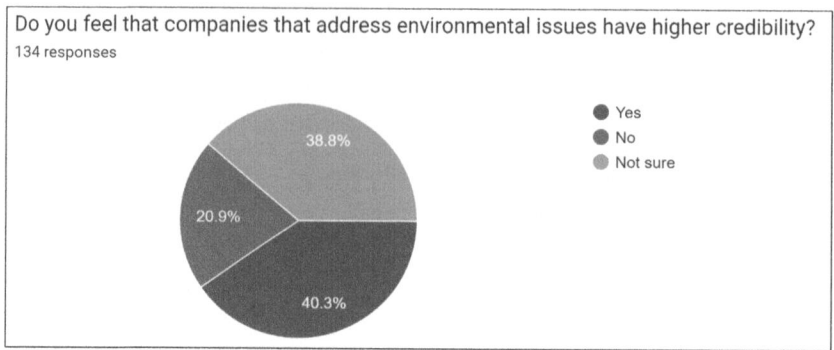

Abbildung 9.13 Frage 13 der Umfrage zur Glaubwürdigkeit von Unternehmen, die Umweltprobleme adressieren

In Frage 13 der Umfrage wurde die wahrgenommene Glaubwürdigkeit von Unternehmen abgefragt, die sich für Umweltfreundlichkeit einsetzen. Das Ziel war es herauszufinden, ob solche Unternehmen von den Kunden*innen als glaubwürdiger wahrgenommen werden als Unternehmen, die keine entsprechenden Maßnahmen ergreifen. Etwa 40 Prozent der Teilnehmenden sind der Meinung, dass Unternehmen, die sich für Umweltfreundlichkeit engagieren, glaubwürdiger bei den Kunden*innen ankommen. Im Gegensatz dazu äußerten sich 38,3 Prozent der Befragten unschlüssig über diese Frage. Etwa 21 Prozent verneinen diese Frage, dass solche Umweltfreundlichkeitsbemühungen die Glaubwürdigkeit der Unternehmen verstärken. Diese Ergebnisse deuten darauf hin, dass umweltfreundliche Maßnahmen allein nicht zwangsläufig zu einer Erhöhung der Glaubwürdigkeit bei den Verbraucher*innen führen und dass möglicherweise weitere Maßnahmen erforderlich sind, um das Vertrauen der Konsumenten*innen zu gewinnen und das Image zu verbessern (Abbildung 9.14).

9 Beeinflussung der Kaufentscheidungen der Konsumenten*innen …   83

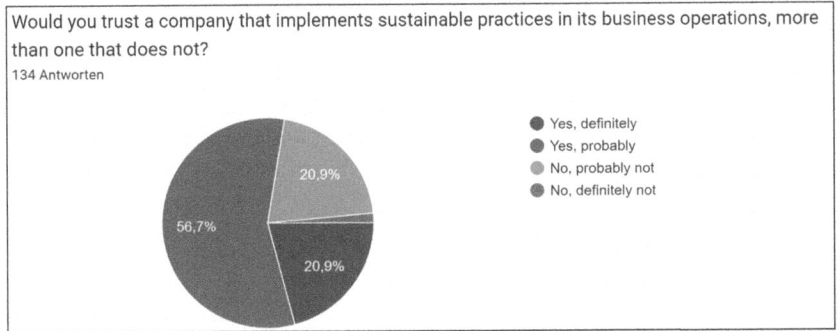

Abbildung 9.14 Frage 14 der Umfrage zum Vertrauen in Unternehmen mit nachhaltigen Praktiken

In der letzten Frage der Erhebung wurde ein direkter Vergleich zwischen Unternehmen mit und ohne Umweltmaßnahmen angestellt. Das Ziel war es herauszufinden, welchen Unternehmen die Menschen mehr Vertrauen schenken würden. Mehr als die Hälfte der Befragten antwortete mit „Ja, wahrscheinlich". Die Antwortoptionen „Ja, auf jeden Fall" und „Nein, wahrscheinlich nicht" wurden jeweils von gleich vielen Teilnehmenden gewählt. Nur 1,5 Prozent der Teilnehmenden wählten die Option „Nein, auf keinen Fall". Aus dem Kreisdiagramm geht hervor, dass die Mehrheit der Konsumenten eher bei Unternehmen einkaufen würde, die sich für Umweltfreundlichkeit einsetzen. Etwa ein Fünftel der Befragten ist in dieser Frage noch unentschlossen.

1. Eine positive Wahrnehmung der Umweltbemühungen eines Unternehmens führt dazu, dass Menschen sagen, dass sie bereit sind, mehr für umweltfreundlichere Produkte zu bezahlen.

Diese Hypothese wurde mittels den Fragen 7 und 12 aus der Umfrage getestet und folgende Erkenntnisse haben sich daraus ergeben:

- Knapp 5 Prozent der Befragten, welche die Umweltbemühungen eines Unternehmens als sehr wichtig betrachten, sagen dass sie auch bereit sind, einen Aufpreis von 20 bis 30 Prozent für umweltfreundlichere Produkte zu zahlen.
- Mehr als 40 Prozent der Teilnehmer*innen bei der Umfrage, welche die Umweltbemühungen eines Unternehmens als wichtig oder neutral betrachten,

sagen dass sie auch bereit sind, einen Aufpreis von 10 bis 20 Prozent für umweltfreundlichere Produkte zu zahlen.
- Weniger als 10 Prozent der Befragten bei der Umfrage, welche die Umweltbemühungen eines Unternehmens als weniger oder gar nicht wichtig erachten, würden keinen Aufpreis für umweltfreundlichere Produkte zahlen wollen.

2. Die Verbraucher*innen geben an, dass sie dazu tendieren, bei Unternehmen einzukaufen, die sich für den Umweltschutz einsetzen, wenn sie über deren Umweltbemühungen informiert sind.

Diese Hypothese wurde mittels den Fragen 9 und 11 aus der Umfrage getestet und folgende Erkenntnisse haben sich daraus ergeben:

- Die Menschen, die sich gelegentlich, nämlich knapp ein Drittel, vor dem Einkauf über die Umweltbemühungen des Unternehmens informieren, tendieren zu bis zu 95 Prozent dazu, auch bei diesem Unternehmen einzukaufen.
- Die Menschen, die sich selten, nämlich knapp ein Fünftel, vor dem Einkauf über die Umweltbemühungen des Unternehmens informieren, tendieren zu mehr als 60 Prozent dazu, auch bei diesem Unternehmen einzukaufen.
- Zwei Drittel der Menschen würden eher bei einem Unternehmen einkaufen, das sich um Umweltschutz und Nachhaltigkeit bemüht, unabhängig von ihrer Informiertheit.

3. Die Männer geben an, dass sie weniger Wert auf die Umweltfreundlichkeit beim Einkaufen legen im Vergleich zu Frauen und sind daher auch weniger bereit, einen Aufpreis für umweltfreundlichere Produkte zu zahlen.

Diese Hypothese wurde mittels den Fragen 1, 4 und 12 aus der Umfrage getestet und folgende Erkenntnisse haben sich daraus ergeben:

- Ein höherer Prozentsatz der Frauen, nämlich 75 Prozent, gibt an, dass ihnen die Umweltfreundlichkeit der Produkte beim Einkaufen wichtiger ist. Im Gegensatz dazu geben nur knapp 60 Prozent der Männer an, dass ihnen die Umweltfreundlichkeit der Produkte beim Einkaufen wichtiger ist. Allerdings ist der Unterschied zwischen den Geschlechtern nicht statistisch signifikant; hierfür müsste eine größere Stichprobe herangezogen werden.

- Knapp über die Hälfte der Männer gibt an, dass sie bereit wären, 10 bis 20 Prozent mehr für umweltfreundlichere Produkte zu zahlen. Im Gegensatz dazu sagen knapp weniger als die Hälfte der Frauen, dass sie bereit sind, 10 bis 20 Prozent mehr zu zahlen.
- Knapp über 10 Prozent der Frauen haben angegeben, dass sie bereit wären, 30 bis 40 Prozent oder sogar noch mehr für umweltfreundlichere Produkte zu zahlen, unabhängig von allen anderen Faktoren. Im Gegensatz dazu haben nur 4 Prozent der Männer angegeben, dass sie 30 bis 40 Prozent mehr für umweltfreundlichere Produkte zahlen würden, unabhängig von allen anderen Faktoren.
- Ein Viertel der Männer haben angegeben, dass sie keinen Aufpreis für umweltfreundlichere Produkte zahlen würden, während nur knapp 13 Prozent der Frauen diese Antwortmöglichkeit ausgewählt haben.
- Die Frauen sind bereit, mehr für umweltfreundlichere Produkte zu zahlen, jedoch kann diese Hypothese aus statistischer Sicht nicht bestätigt werden, da der Unterschied zwischen den Geschlechtern nicht statistisch signifikant ist.

Erfolgsfaktoren für eine Expansion von Indien in die Vereinigten Staaten von Amerika

10

Die Erfolgsfaktoren wurden anhand der Interviews mit den Experten*innen aus dieser Branche ermittelt. Es wurden insgesamt fünf Interviews durchgeführt und dafür wurden den Interviewpartner*innen die neun Interviewfragen im Vorhinein auf den Wunsch von den Experten*innen übermittelt. Auch in diesem Fall wurden die Fragen in englischer Sprache formuliert, da alle Interviewpartner*innen aus Indien stammen. Aus mehreren Gründen erfolgten die Interviews über die Plattform Zoom. Folgende Fragen wurden den Experten*innen während dem Interview gestellt:

1. Können Sie uns einen Überblick über die aktuelle Situation und die Trends bei indischen Dropshipping-Unternehmen geben, die auf den US-Markt expandieren?
2. Welche Erfolgsfaktoren beeinflussen den Erfolg indischer Dropshipping-Unternehmen, die ihre Geschäftstätigkeit in die USA ausweiten wollen?
3. Welche konkreten Schritte sollten indische Dropshipping-Unternehmen unternehmen, um eine erfolgreiche Expansion in den US-Markt zu gewährleisten?
4. Haben Sie in letzter Zeit eine Zunahme indischer Dropshipping-Unternehmen beobachtet, die auf den US-Markt expandieren?
5. Was sind Ihrer Erfahrung nach die häufigsten Herausforderungen, auf die indische Dropshipping-Unternehmen bei ihrer Expansion in die USA stoßen, und wie können sie diese Herausforderungen wirksam abfedern?
6. Halten Sie es für entscheidend, dass sich indische Dropshipping-Unternehmen an die kulturellen Unterschiede anpassen und die Bedürfnisse der US-Kunden*innen erfüllen?
7. Welche Rolle spielen Partnerschaften und Beziehungen zu in den USA ansässigen Lieferanten*innen und Logistikunternehmen für den Erfolg einer Expansion in die USA?

© Der/die Autor(en), exklusiv lizenziert an Springer Fachmedien Wiesbaden GmbH, ein Teil von Springer Nature 2025
A. S. Kainth, *Dropshipping Expansion von Indien in die Vereinigten Staaten von Amerika*, BestMasters, https://doi.org/10.1007/978-3-658-47602-1_10

8. Wie können indische Dropshipping-Unternehmen ihre Marketing- und Verkaufsstrategien anpassen, um ihre Effektivität auf dem US-Markt zu erhöhen?
9. Welche spezifischen Ratschläge oder Tipps würden Sie schließlich indischen Dropshipping-Unternehmen geben, die eine erfolgreiche Expansion in den US-Markt anstreben?

10.1 Expertenmeinungen zur Frage 1

- Experte 1 betont die Wettbewerbsintensität des amerikanischen Marktes und die Notwendigkeit für indische Dropshipping-Unternehmen, erhebliche Ressourcen einzusetzen, um die Bedürfnisse und Wünsche der amerikanischen Bevölkerung zu verstehen und zu erfüllen.
- Experte 2 hebt den preislichen Vorteil hervor, den indische Dropshipping-Unternehmen bei der Produktion und Beschaffung von Produkten haben. Er ist zuversichtlich, dass der amerikanische Markt viel Raum für Wachstum und Expansion bietet.
- Expertin 3 unterstreicht die Bedeutung nachhaltigen Wachstums und einer langfristigen Etablierung für indische Dropshipping-Unternehmen. Kluge Wachstumsstrategien und fundierte Kenntnisse über den amerikanischen Markt sind dabei von entscheidender Bedeutung.
- Expertin 4 erwähnt, dass indische Dropshipping-Firmen internationale E-Commerce-Plattformen wie Shopify nutzen, um Zugang zum amerikanischen Markt zu erhalten. Zudem konzentrieren sie sich verstärkt auf die Nachhaltigkeit ihrer Produkte.
- Experte 5 spricht ebenfalls die Wettbewerbsintensität an und betont die Notwendigkeit, Marktlücken zu identifizieren und eine differenzierte Marktstrategie zu entwickeln, um erfolgreich zu sein.

Gemeinsamkeiten der Experten bei Frage 1:
Alle Experten*innen sind sich einig über die vielversprechenden Möglichkeiten, die der amerikanische Markt bietet. Sie betonen einstimmig die Notwendigkeit für indische Dropshipping-Unternehmen, die Bedürfnisse und Vorlieben der amerikanischen Kunden*innen zu verstehen. Darüber hinaus legen sie großen Wert darauf, zu investieren, kluge Wachstumsstrategien zu verfolgen und über gute lokale Marktkenntnisse zu verfügen. Ein weiterer gemeinsamer Punkt ist die Betonung der Bedeutung von Technologie und analytischen Ansätzen, um sich erfolgreich an den amerikanischen Markt anzupassen.

Unterschiede der Experten bei Frage 1:
Experte 2 hob den preislichen Vorteil indischer Dropshipping-Unternehmen hervor, während Experten 1 und 5 den Fokus auf die Intensität des Wettbewerbs legten. Die Expertin 3 konzentrierte sich auf nachhaltiges Wachstum und langfristige Etablierung, während Expertin 4 die Bedeutung von Technologie betonte. Abschließend unterstrich Experte 5 die Notwendigkeit einer gründlichen Marktanalyse und der Identifizierung von Marktlücken.

10.2 Expertenmeinungen zur Frage 2

- Experte 1 legt einen starken Fokus auf die Einhaltung von Regeln und Steuervorschriften, und betont die Bedeutung eines gut etablierten Systems zur Problembewältigung für Kunden.
- Experte 2 hebt erneut den Kostenvorteil indischer Dropshipping-Unternehmen hervor und unterstreicht die entscheidende Rolle von KI bei der schnellen Identifizierung von Trends. Zudem würdigt er die Bemühungen der indischen Regierung zur Förderung des Exports.
- Expertin 3 weist auf die Bedeutung hin, lokale Gegebenheiten zu kennen und sich mit US-Vorschriften und Kundenschutzgesetzen vertraut zu machen. Zudem empfiehlt er indischen Dropshipping-Unternehmen, eine strategische Marktpositionierung zu entwickeln.
- Expertin 4 legt großen Wert auf Qualität und Einzigartigkeit der Produkte. Zusätzlich dazu sollten indische Dropshipping-Firmen ein tiefes Verständnis des amerikanischen Marktes und der digitalen Marketingstrategien haben.
- Experte 5 teilt die Betonung auf das Verständnis rechtlicher Anforderungen mit Experte 1. Zudem spricht er über die Bedeutung einer strategischen Markenpositionierung und der Entwicklung eines einzigartigen

Gemeinsamkeiten der Experten bei Frage 2:
Alle Experten*innen sind sich einig, dass indische Dropshipping-Unternehmen ein gründliches Verständnis für die Bedürfnisse ihrer Kunden*innen entwickeln müssen. Zusätzlich heben sie die Wichtigkeit der Einhaltung von Regelungen und Vorschriften sowie die Nutzung von KI vor. Das Wissen über den lokalen Markt, Wachstumsstrategien und Investitionen gelten als entscheidende Faktoren für den Erfolg.

Unterschiede der Experten bei Frage 2:
Die Experten*innen konzentrieren ihre Schwerpunkte auf verschiedene Bereiche: Experte 2 legt Wert auf Kostenoptimierung, Expertin 4 hebt die Bedeutung von Produktqualität und Marketing hervor, während Experte 1 und 5 ihre Schwerpunkte auf rechtliche Anforderungen setzen. Die Experten sind auch entsprechend ihrer Ansichten darüber, was zum Erfolg der Expansion eines Dropshipping-Unternehmens führen könnte, unterschiedlicher Meinung. Experten 1 und 5 betonen die Bedeutung rechtlicher Vorschriften, während Experte 2 die Erkennung von Trends, den Einsatz von KI und den Kostenvorteil als ausschlaggebend ansieht.

10.3   Expertenmeinungen zur Frage 3

- Experte 1 betont die Bedeutung von Partnerschaften mit anderen US-amerikanischen Unternehmen sowie die Notwendigkeit einer Produktinnovation mit einem klaren Mehrwert und eines exzellenten Kundenservice, um auf dem amerikanischen Markt erfolgreich zu sein.
- Experte 2 empfiehlt indischen Dropshipping-Unternehmen, sich mit den US-Zoll- und Importvorschriften vertraut zu machen und eine spezifische Nische für ihre Zielgruppe zu wählen. Zudem betont er die kontinuierliche Anpassung an Trends und Produktangebote.
- Expertin 3 und Experte 5 sind sich einig, dass neue Unternehmen durch die Zusammenarbeit mit Influencer*innen Einblicke in den Markt gewinnen und die Markenbekanntheit steigern können.
- Expertin 4 legt großen Wert auf gründliche Marktforschung und die Sicherstellung einer zuverlässigen Lieferkette unter Berücksichtigung der US-Zoll- und Einfuhrbestimmungen.

Gemeinsamkeiten der Experten bei Frage 3:
Alle Experten*innen sind sich einig, dass strategische Partnerschaften mit Influencer*innen oder anderen amerikanischen Unternehmen für eine erfolgreiche Expansion entscheidend sind. Die Kenntnisse über die US-Marktvorschriften und der Verbraucherbedürfnisse stehen im Mittelpunkt bei allen Experten*innen. Darüber hinaus betonen sie die Bedeutung eines erstklassigen Kundenservice und einer starken Markenpositionierung.

Unterschiede der Experten bei Frage 3:
Der Experte 1 setzt seinen Fokus auf die Identifizierung einer Nische, während Experte 2 sich auf die Entwicklung einer starken Online-Präsenz konzentriert. Dabei betont Experte 2 die kontinuierliche Anpassung an Trends. Auf der anderen Seite legen Expertin 3 und Experte 5 Wert darauf, dass junge Unternehmen ihre Aufmerksamkeit auf die Entwicklung von Beziehungen lenken sollten. Die Experten*innen bieten unterschiedliche Empfehlungen, wie beispielsweise eine gründliche Marktforschung vom Expertin 4 als ersten Schritt und eine strategische Partnerschaft von Experte 5.

10.4 Expertenmeinungen zur Frage 4

Alle Experten*innen bestätigen den Trend, dass indische Dropshipping-Unternehmen in den Vereinigten Staaten von Amerika diversifizieren oder expandieren. Jedoch äußern einige Experten*innen Bedenken, wie Experte 5, der darauf hinweist, dass zwar immer mehr Dropshipper*innen den amerikanischen Markt betreten, aber die Erfolgsquoten gering sind. Er betont die Notwendigkeit einer sorgfältigen Planung und eines intelligenten Markteintrittsplans. Auch Expertinnen 3 und 4 unterstreichen die Notwendigkeit einer sorgfältigen Planung und die Herausforderungen, die Dropshipping-Unternehmen überwinden müssen.

Es gibt unterschiedliche Perspektiven, was die Erfolgschancen der Expansion betrifft. Einige Experten*innen sind davon überzeugt und betonen die Chancen, welche der amerikanische Markt anbietet, während andere vor den Herausforderungen warnen, die den neuen Unternehmen bevorstehen.

10.5 Expertenmeinungen zur Frage 5

- Experte 1 nennt als Herausforderungen die Erwartungen der Kunden*innen bezüglich Produktqualität, Lieferzeiten und die Verwaltung des Kundendienstes über verschiedene Zeitzonen hinweg. Er betont die Notwendigkeit von Partnerschaften mit lokalen Hersteller*innen und Dienstleistungsunternehmen.
- Experte 2 teilt ähnliche Herausforderungen, wie hohe Kundenanforderungen, logistische Probleme und Zeitunterschiede, mit. Sein Fokus liegt auf einem flexiblen Kundenservicedienst, um die Bedürfnisse der Kunden*innen zu erfüllen.

- Expertin 3 beschreibt die Herausforderungen im Verständnis und der Einhaltung amerikanischer Verbraucherrechte und Produktstandards, der Anpassung an Marktveränderungen und kulturelle Unterschiede.
- Expertin 4 betont ebenfalls kulturelle Unterschiede und nennt die Regulierungs- und Steuersysteme der USA sowie unterschiedliche Verbrauchererwartungen als Herausforderungen für Dropshipping-Unternehmen.
- Experte 5 hebt die Komplexität der Rechtssysteme als Herausforderung hervor und legt den Fokus auf Risikomanagement und Lieferkettenmanagement.

Gemeinsamkeiten der Experten bei Frage 5:
Alle Experten*innen erkennen die Erwartungen der amerikanischen Kunden*innen, logistische Herausforderungen und kulturelle Unterschiede als besondere Hürden an. Zudem betonen sie die Notwendigkeit, flexibel zu sein und sich an Marktveränderungen anzupassen. Eine weitere wichtige Gemeinsamkeit zwischen den Experten*innen ist die Betonung des Kundenservicedienstes.

Unterschiede der Experten bei Frage 5:
Manche Experten*innen konzentrieren sich auf die Optimierung der Logistik, während andere den Fokus auf den Kundenservice legen. Einige von ihnen betonen die Bedeutung kultureller Anpassungen. Die Lösungsansätze variieren je nach den individuellen Erfahrungen und Perspektiven der Experten*innen.

10.6 Expertenmeinungen zur Frage 6

- Experte 1 betont die Bedeutung eines ausgewogenen Verständnisses kultureller Unterschiede, Kundenbedürfnisse und rechtlicher Compliance für den Erfolg.
- Experte 2 sieht kulturelle Unterschiede als vorteilhaft an, um bestimmte amerikanische Zielgruppen zu erreichen. Er empfiehlt Dropshipping-Unternehmen, einzigartige Produkte zu vermarkten, um kulturell neugierige Kunden*innen anzuziehen.
- Expertin 3 teilt diese Ansicht und ermutigt Dropshipping-Firmen, diesen Vorteil zu nutzen.
- Expertin 4 äußert die allgemeine Meinung, dass es für alle Unternehmen, die ins Ausland expandieren möchten, wichtig ist, sich an kulturelle Unterschiede anzupassen, um die Marktloyalität zu fördern.

- Experte 5 ist der Ansicht, dass die Notwendigkeit eines Gleichgewichts zwischen kultureller Anpassung und dem Alleinstellungsmerkmal indischer Produkte wichtig ist, um US-Kunden*innen zu gewinnen.

Gemeinsamkeiten der Experten bei Frage 6:
Alle Experten*innen sind sich einig, dass es wichtig ist, die kulturellen Unterschiede zu verstehen. Darüber hinaus betonen sie einstimmig, dass neue Unternehmen sich an die rechtlichen Anforderungen der Vereinigten Staaten halten müssen. Zudem sind die Experten*innen der Meinung, dass kulturelle Unterschiede als Vorteil genutzt werden können, um einzigartige Produkte aus Indien erfolgreich in den Vereinigten Staaten von Amerika zu vermarkten.

Unterschiede der Experten bei Frage 6:
Einige Experten*innen, wie zum Beispiel Experte 1, betonen die Einhaltung rechtlicher Bestimmungen und die Gewährleistung eines guten Kundendienstes, während andere Experten*innen, wie zum Beispiel Expertin 4, die Bedeutung kultureller Anpassungen als Schlüssel zur langfristigen Markentreue hervorheben.

10.7 Expertenmeinungen zur Frage 7

- Experte 1 betrachtet Partnerschaften mit lokalen Lieferanten*innen mit Vorsicht, da er die Gefahr sieht, dass die eigenen Ziele vernachlässigt werden könnten. Er betont die Notwendigkeit, die Vor- und Nachteile sorgfältig abzuwägen.
- Experte 2 sieht die Entscheidung über Partnerschaften mit lokalen Lieferanten*innen positiv, da er glaubt, dass Unternehmen dadurch ihre Glaubwürdigkeit stärken können, indem sie Zugang zu lokalen Beständen erhalten.
- Expertin 3 betrachtet Partnerschaften ebenfalls positiv und sieht sie als Chance für eine erfolgreiche Expansion auf den US-Markt.
- Expertin 4 ist der Meinung, dass Partnerschaften mit lokalen Dienstleister*innen unerlässlich sind, da sie Unternehmen Einblicke in lokale Markttrends und das Verbraucherverhalten ermöglichen können.
- Experte 5 stimmt zu, dass Partnerschaften notwendig sind, betont jedoch die sorgfältige Auswahl von Partner*innen in fremden Ländern.

Gemeinsamkeiten der Experten bei Frage 7:
Alle Experten*innen sind sich einig, dass Partnerschaften mit lokalen Lieferanten*innen und Dienstleistern von entscheidender Bedeutung sind, um den Erfolg bei einer Expansion anzustreben. Darüber hinaus betonen sie einstimmig, dass diese Partnerschaften erforderlich sind, um lokale Markterkenntnisse und lokales Wissen zu erlangen.

Unterschiede der Experten bei Frage 7:
Alle Experten*innen stimmen überein, Partnerschaften mit lokalen Lieferanten*innen einzugehen, doch Experte 1 und 5 äußerten ihre Bedenken. Experte 1 warnt davor, dass bei solchen Partnerschaften die eigenen Ziele möglicherweise vernachlässigt werden könnten. Experte 5 hält es für wichtig, die Partner*innen für eine Zusammenarbeit sorgfältig auszuwählen.

10.8 Expertenmeinungen zur Frage 8

- Der Experte 1 ist der Ansicht, dass Unternehmen neben dem reinen Verkauf ihrer Produkte auch an Image des Unternehmens arbeiten müssen, um die Kundenbindung langfristig zu verstärken.
- Experte 2 teilt seine Erfahrungen und hebt hervor, dass amerikanische Kunden*innen sehr serviceorientiert sind und großen Wert auf die Benutzerfreundlichkeit von Webshops legen. Das Vertrauen und die Glaubwürdigkeit sind für den amerikanischen Kunden*innen wichtiger als Preise. Auch Experte 2 betont wie Experte 1 die Bedeutung der Markenreputation für den Erfolg.
- Expertin 3 äußert keine spezifische Meinung zum Marketing, sondern empfiehlt, dass die Faktoren wie zum Beispiel Qualität und Nachhaltigkeit berücksichtigt werden sollten.
- Expertin 4 ist überzeugt von der Nutzung sozialer Medienplattformen und der Anpassung von Marketinginhalten an die amerikanischen Kunden*innen. Sie betont die Wichtigkeit der Zusammenarbeit mit amerikanischen Influencer*innen zur Steigerung der Markenbekanntheit.
- Experte 5 stimmt mit Expertin 3 überein, dass Qualität und Nachhaltigkeit wichtig sind. Darüber hinaus legt er Wert auf die Bedeutung einer Markengeschichte und von Marketingkampagnen als wichtige Aspekte einer Markenstrategie.

Gemeinsamkeiten der Experten bei Frage 8:
Alle Experten*innen sind sich einig, dass die Marketingstrategie an die Bedürfnisse der amerikanischen Konsumenten*innen angepasst werden muss, da sie sich von denen in Indien unterscheiden. Zwei Experten betonen dabei die Wichtigkeit von Nachhaltigkeit und Qualität.

Unterschiede der Experten bei Frage 8:
Die ersten beiden Experten betonen die Bedeutung des Markenbildung und der Benutzerfreundlichkeit. Die anderen Experten*innen sind der Meinung, dass der Fokus auf die Datenanalyse und die Anpassung von Marketinginhalten liegen sollte.

10.9 Expertenmeinungen zur Frage 9

- Experte 1 empfiehlt, dass man sich vor Beginn des Geschäfts mit den Risiken auseinandersetzt und Pläne entwickelt, um mögliche Probleme zu bewältigen. Er schlägt vor, die Abhängigkeit vom amerikanischen Markt zu Beginn zu verringern, indem man sich auf andere Märkte oder Produkte diversifiziert.
- Experte 2 spricht von einer potenziell längeren Break-Even-Periode und betont die Bedeutung eines Verständnisses für rechtliche Aspekte und Compliance-Prozesse. Ein Nischenmarktansatz und ein kundenorientierter Ansatz könnten zu Beginn hilfreich sein.
- Expertin 3 empfiehlt eine gründliche Marktanalyse, einen schrittweisen Markteintritt und Flexibilität in Bezug auf die Marktbedingungen in den frühen Phasen. Kundenorientierung sowie Kreativität, Geduld und Anpassungsfähigkeit werden als Schlüsselfaktoren hervorgehoben.
- Expertin 4 schlägt vor, mit einem kleinen Start zu beginnen, möglicherweise mit einer begrenzten Produktpalette, um den Markt zu testen. Auch hier wird betont, dass der Fokus auf die Kunden*innen gelegt und ein Wert auf exzellenten Kundenservice gelegt werden sollte.
- Experte 5 schließt sich den Empfehlungen der anderen Experten*innen an und hebt die Wichtigkeit einer gründlichen Marktanalyse sowie der Anpassungsfähigkeit an die Marktbedingungen vor.

Gemeinsamkeiten der Experten bei Frage 9:
Alle Experten*innen sind sich einig, dass eine sorgfältige Marktanalyse und Risikobewertung unerlässlich sind. Die Fähigkeit zur Anpassung und das Einholen von Kundenfeedback werden als Schlüsselfaktoren hervorgehoben.

Unterschiede der Experten bei Frage 9:
Die Experte 1 und Expertin 4 empfehlen eine Diversifizierung auf andere Märkte, während die Experte 2 und Expertin 3 einen Nischenmarktansatz betonen. Des Weiteren legen die Experten 1 und 2 ihren Fokus auf rechtliche Aspekte und Compliance-Prozesse, während die Expertinnen 3 und 4 die Kundenorientierung und eine starke Markengeschichte hervorheben.

10.9.1 Vergleich der Expertenmeinungen

Tabelle 10.1 Expertenmeinungen Vergleich ½

Themen:	Experte 1	Experte 2
Chancen für den amerikanischen Markt	Stimmt zu	Stimmt zu
Nischenmarkt / Massenmarkt	Neutral	Nischenmarkt
Kultureller Unterschied Vorteilhaft	Neutral	Stimmt zu
Einsatz von KI	Neutral	Stimmt zu
Risikobewertung am Anfang	Stimmt zu	Neutral
Parnterschaft mit amerikanischen Lieferanten*innen	Teilweise	Stimmtzu
Erfolgsfaktoren	.) Diversifizierung auf andere Märkte .) Fokus auf rechtliche Aspekte und Compliance-Prozesse	.) Nischenmarktansatz .) Fokus auf rechtliche Aspekte und Compliance-Prozesse .) Anpassungsfähigkeit
Schritte für den Anfang	.) Identifizierung von Risiken und Entwicklung von Plänen: Durchführung einer umfassenden Risikoanalyse und Entwicklung von Strategien zur Risikominderung. .) Bewertung von Alternativen zur Reduzierung der Abhängigkeit vom US-Markt und Entwicklung einer Diversifizierungsstrategie.	.) Verständnis rechtlicher Aspekte und Compliance-Prozesse .) Identifizierung einer spezialisierten Zielgruppe und Entwicklung einer klaren Positionierungsstrategie.
Herausforderungen	.) Erwartungen der Kunden*innen hinsichtlich Produktqualität und Lieferzeiten. .) Verwaltung des Kundendienstes über verschiedene Zeitzonen hinweg.	.) Hohe Kundenerwartungen an den Kundenservice und die Benutzerfreundlichkeit der Webshops. .)Logistische Probleme und Zeitunterschiede.
Lösungsansätze	.) Partnerschaften mit lokalen Hersteller*innen und Dienstleister*innen, um die Kundenbedürfnisse besser zu erfüllen. .) Entwicklung eines gut etablierten Problemlösungssystems für Kunden*innen.	.) Konzentration auf einen kundenorientierten Ansatz und eine benutzerfreundliche Online-Präsenz. .) Nutzung von Technologie, um die Effizienz in der Identifizierung von Trends zu steigern.

10.9 Expertenmeinungen zur Frage 9

Tabelle 10.2 Expertenmeinungen Vergleich 2/2

Themen:	Expertin 3	Expertin 4	Experte 5
Chancen für den amerikanischen Markt	Stimmt zu	Stimmt zu	Stimmt zu
Nischenmarkt / Massenmarkt	Nischenmarkt	Nischenmarkt	Nischenmarkt
Kultureller Unterschied Vorteilshaft	Stimmt zu	Stimmt zu	Stimmt zu
Einsatz von KI	Neutral	Teilweise	Teilweise
Risikobewertung am Anfang	Stimmt zu	Neutral	Stimmt zu
Parnterschaft mit amerikanischen Lieferanten	Stimmt zu	Stimmt zu	Teilweise
Erfolgsfaktoren	.) Nischenmarktansatz .) Kundenorientierung .) Starke Markengeschichte .) Anpassungsfähigkeit	.) Diversifizierung auf andere Märkte .) Kundenorientierung .) Starke Markengeschichte .) Anpassungsfähigkeit	.) Marktanalyse und Risikobewertung .) Anpassungsfähigkeit .) Einholen von Kundenfeedback
Schritte für den Anfang	.) Durchführung einer detaillierten Marktanalyse, um potenzielle Chancen und Risiken zu identifizieren. .) Schrittweiser Markteintritt: Strategie zur schrittweisen Erschließung des Marktes unter Berücksichtigung von Kundenbedürfnissen und Marktbedingungen	.) Kleiner Start: Beginn mit einem begrenzten Produktsortiment und Testen des Marktes, um Erfahrungen zu sammeln. .) Fokus auf exzellenten Kundenservice und Aufbau einer starken Kundenbeziehung.	.) Gründliche Marktanalyse und Risikobewertung: Durchführung einer umfassenden Marktanalyse und Bewertung potenzieller Risiken. .) Entwicklung einer flexiblen Strategie zur Anpassung an sich verändernde Marktbedingungen und kontinuierlichen Verbesserung basierend auf Kundenfeedback.
Herausforderungen	.) Verständnis und Einhaltung der amerikanischen Verbraucherrechte und Produktstandards. .) Marktveränderungen.	.) Anpassung an den amerikanischen Markt. .) Regulierungs- und Steuersysteme der USA.	.) Komplexe Rechtssysteme und Risikomanagement. .) Anpassung an Marktveränderungen und Einholen von Kundenfeedback.
Lösungsansätze	.) Schrittweiser Markteintritt und Flexibilität an die Marktbedingungen anpassen. .) Kundenorientierung und Schaffung einer starken Markengeschichte	.) Fokus auf Qualität, Kundenorientierung und eine einzigartige Markengeschichte. .) Kleiner Start, um den Markt zu testen, und Betonung des Kundenservice.	.) Gründliche Marktanalyse und Risikobewertung. .) Anpassungsfähigkeit an den Markt und kontinuierliche Verbesserung basierend auf Kundenfeedback.

Für eine klare Übersicht wurden alle Meinungen der Experten*innen in einer Excel-Tabelle zusammengefasst, siehe Tabelle 10.1 und 10.2. Alle 5 Experten*innen wurden in den Spalten aufgelistet und die jeweiligen Themen, zu denen sie ihre Meinungen geäußert haben, wurden in den Zeilen beschrieben.

Wie man aus den Tabellen 10.1 und 10.2 erkennen kann, sind alle Experten*innen der Meinung, dass es Chancen für indische Dropshipper*innen auf dem amerikanischen Markt gibt. Die Experten 1 und 5 haben jedoch ihre Bedenken bezüglich einer positiven Expansion geäußert. Der Experte 5 erwähnte, dass viele Dropshipper*innen derzeit versuchen, ihre Unternehmen in die Vereinigten Staaten zu expandieren, jedoch sind viele von ihnen erfolglos. Der Experte 1 äußerte, dass junge Unternehmen sich auch auf anderen Märkten diversifizieren sollen und nicht nur von einem Markt abhängig werden sollen.

Zum Thema Nischenmarkt oder Massenmarktansatz sind außer dem Experten 1 alle derselben Meinung. Der Experte 1 ist bei diesem Thema neutral geblieben und hat keinen Ansatz bevorzugt. Alle anderen Experten*innen sind der Meinung, dass man mit dem Nischenmarktansatz den amerikanischen Markt betreten soll und die Einzigartigkeit der indischen Produkte nutzen soll. Die Experten*innen 2, 3, 4 und 5 betonen, dass die Produkte, die nur in Indien erhältlich sind, auf den amerikanischen Markt gebracht und ihre Erfolgschancen für eine positive Expansion damit erhöht werden sollten.

Weiterhin wurden die Experten zu den kulturellen Unterschieden befragt. Hierbei ist der Experte 1 ebenfalls neutral geblieben, während alle anderen Experten der Meinung sind, dass die kulturellen Unterschiede positiv betrachtet werden sollen. Sie sind der Meinung, dass indische Dropshipper*innen die indische Kultur nicht komplett außer Acht lassen sollen, sich jedoch an die amerikanische anpassen sollen. Es wurde betont, dass eine Balance zwischen den beiden Kulturen hergestellt werden soll.

Als viertes wurde das Thema des Einsatzes von KI in der Tabelle aufgelistet. Zu dieser Frage sind der Experte 1 und die Expertin 3 neutral geblieben. Sie sehen den Einsatz von KI weder positiv noch negativ. Der Experte 2 hingegen stimmt diesem Ansatz zu. Er ist der Meinung, dass der Einsatz von KI einen Vorsprung mit sich bringen kann und es einem ermöglicht, die Markttrends schneller zu analysieren und zu erkennen. Im Gegensatz dazu ist die Expertin 4 und der Experte 5 anderer Meinung. Sie lehnen diesen Ansatz nicht vollständig ab. Sie sind der Meinung, dass Unternehmen sich den Einsatz von KI in diversen Aufgaben zur Hilfestellung nehmen können, aber auch nur am Anfang. In der späteren Zeit sollten sie sich auf reales Feedback der Kunden*innen stützen und dementsprechend ihre weiteren Schritte vornehmen.

10.9 Expertenmeinungen zur Frage 9

Danach haben die Experten*innen ihre Meinungen zum Thema Risikobewertung geäußert. Hierbei sind die Experten*innen 1, 3 und 5 der Meinung, dass die Dropshipper*innen, bevor sie an die Expansion denken, die Risiken analysieren muss. Im Gegensatz zu diesen Experten*innen sind der Experte 2 und die Expertin 4 zu diesem Thema neutral geblieben und haben ihre Meinungen dazu nicht geäußert.

Die Experten*innen wurden auch zum Thema Partnerschaften mit amerikanischen Lieferanten*innen befragt. Die Experten 1 und 5 sind derselben Meinung, nämlich dass die Dropshipper*innen Partnerschaften eingehen können, aber die Partner*innen vorsichtig auswählen sollten. Der Experte 1 ist noch der Meinung, dass man aufgrund der Partnerschaften seine eigenen Ziele nicht außer Acht lassen sollte. Die Experten*innen 2, 3 und 4 sehen diese Gelegenheit positiv und sind bereit, Partnerschaften mit lokalen Lieferanten*innen einzugehen. Sie sind der Meinung, dass man dadurch Einblicke in den lokalen Markt leichter bekommen kann.

Alle Experten*innen haben unterschiedliche Meinungen, wenn es um das Thema Erfolgsfaktoren für eine Expansion geht. Die Meinungen sehen folgendermaßen aus:

- Der Experte 1 ist der Meinung, dass die Diversifizierung auf anderen Märkten und die Unabhängigkeit von einem Markt einer der Erfolgsfaktoren sein kann. Des Weiteren ist er der Meinung, dass die Dropshipper*innen seinen Fokus auch auf die rechtlichen Aspekte und Compliance-Prozesse legen soll.
- Der Experte 2 betont den Nischenmarktansatz und die Anpassungsfähigkeit an die Marktbedingungen als Erfolgsfaktoren an. Der Experte 2 ist derselben Meinung wie der Experte 1, dass die neuen Unternehmen ihren Fokus auch auf die rechtlichen Aspekte und Compliance-Prozesse legen sollten.
- Die Expertin 3 stimmt mit dem Experten 2 überein, nämlich dass der Nischenmarktansatz und die Anpassungsfähigkeit als Erfolgsfaktoren betrachtet werden können. Weiterhin ist er der Meinung, dass die Kundenorientierung und eine starke Markengeschichte im Mittelpunkt stehen sollten.
- Die Expertin 4 stimmt der Expertin 3 in mehreren Punkten überein, nämlich dass die Kundenorientierung, Anpassungsfähigkeit und eine starke Markengeschichte als Erfolgsfaktoren betrachtet werden können. Des Weiteren stimmt die Expertin 4 mit dem Experten 1 in einem Punkt überein, nämlich dass die Diversifizierung auf anderen Märkten auch ein Erfolgsfaktor sein kann.

- Der Experte 5 stimmt mit mehreren Experten*innen in einem Punkt überein, nämlich die Anpassungsfähigkeit. Weiterhin erwähnt er die Punkte Marktanalyse und Risikobewertung und das Einholen von Kundenfeedback als mögliche Erfolgsfaktoren für ein Unternehmen.

Weiterhin wurden die Experten*innen zum Thema erste Schritte für eine Expansion befragt, und alle haben dazu ihre Meinungen geäußert, die sich folgendermaßen zusammenfassen lassen:

- Der Experte 1 ist der Meinung, dass die Dropshipper*innen am Anfang eine Risikoanalyse durchführen sollte. Weiterhin soll dieser sich mit der Entwicklung von Einstiegsstrategien befassen. Zusätzlich dazu erwähnt er den Punkt mit der Diversifizierungsstrategie.
- Der Experte 2 hingegen betont das Verständnis der rechtlichen Aspekte und des Compliance-Prozesses für den Start. Als einen weiteren Punkt erwähnt dieser die Identifizierung einer spezialisierten Zielgruppe und die Entwicklung einer klaren Positionsstrategie.
- Die Expertin 3 ist der Meinung, dass eine gründliche Marktanalyse durchgeführt werden soll, um potenzielle Chancen zu entdecken und mögliche Risiken zu vermeiden. Ein schrittweiser Markteintritt sollte berücksichtigt werden, um sich an die sich ergebenden Marktbedingungen schneller anpassen zu können.
- Die Expertin 4 empfiehlt einen kleinen Start mit einem begrenzten Produktsortiment. Damit will diese den Markt testen und sich dann anhand des Kundenfeedbacks anpassen. Weiterhin empfiehlt sie, dass der Fokus auf einen exzellenten Kundenservice gelegt werden soll.
- Der Experte 5 empfiehlt auch eine gründliche Marktanalyse, um die Chancen zu entdecken und Risiken zu vermeiden. Zusätzlich dazu empfiehlt er die Entwicklung einer flexiblen Marktstrategie, welche sich dann anhand des Kundenfeedbacks anpassen soll.

Die Experten wurden noch zu den Herausforderungen und deren Lösungsansätzen befragt:

- Der Experte 1 sieht die Kundenerwartungen des amerikanischen Markts als eine Herausforderung. Er ist der Meinung, dass die amerikanischen Kunden*innen hohe Anforderungen in Hinsicht der Produktqualität und Lieferzeiten haben. Dementsprechend betont er auch, dass die Partnerschaften mit lokalen Lieferanten*innen nützlich sein können, um die Kundenanforderungen zu erfüllen. Des Weiteren sollte auch ein Fokus auf Problemlösungssysteme

10.9 Expertenmeinungen zur Frage 9

für Kunden*innen gelegt werden. In seinen Augen steht die Kundenorientierung im Mittelpunkt.

- Der Experte 2 stimmt mit der Meinung vom Experten 1 überein, nämlich er sieht auch die Anforderungen der Kunden*innen als eine Herausforderung, was die Lieferzeiten und die damit verbundenen logistischen Probleme betrifft. Ein kundenorientierter Ansatz, benutzerfreundliche Online-Präsenz und Nutzung von KI könnten als Lösungsansätze dienen.
- Die Expertin 3 sieht die Einhaltung der amerikanischen Verbraucherrechte, Produktstandards und die Marktveränderungen als Herausforderung an. Als mögliche Lösungsansätze werden der schrittweise Markteintritt, Anpassungsfähigkeit an die Marktbedingungen, Kundenorientierung und Schaffung einer starken Markengeschichte vorgeschlagen.
- Die Expertin 4 sieht die flexiblen Marktbedingungen und Regulierungs- und Steuersysteme der USA als eine Herausforderung an. Als mögliche Lösungsansätze werden die Kundenorientierung, die einzigartige Markengeschichte, kleiner Start und exzellenter Kundenservice erwähnt.
- Der Experte 5 sieht auch die komplexen Rechtssysteme und die flexiblen Marktbedingungen als Herausforderungen an. Die gründliche Marktanalyse, die Risikoanalyse und die kontinuierliche Anpassungsfähigkeit werden als mögliche Lösungsansätze vorgeschlagen.

Conclusio 11

In diesem Kapitel wird die Masterarbeit zusammengefasst. Des Weiteren wird ein Überblick für eine zukünftige Forschungsarbeit gegeben. Zusätzlich dazu werden in diesem Kapitel die Ergebnisse der Arbeit präsentiert.

11.1 Zusammenfassung

Am Anfang der Masterarbeit wurden zwei Forschungsfragen definiert, die im Rahmen einer Literaturrecherche, Interview und Umfragebogen zum Thema Dropshipping untersucht wurden. Die erste Frage zielte darauf ab, die Erfolgsfaktoren zu identifizieren, die einer Expansion eines Unternehmens im Bereich Dropshipping von einem Land in ein anderes behilflich sein könnten. Dabei wurden zwei Länder für die Forschung festgelegt: Indien und die Vereinigten Staaten von Amerika. Die zweite Forschungsfrage zielte darauf ab, zu ermitteln, ob die Umweltbemühungen eines Unternehmens die Kaufentscheidung und die Preisbereitschaft der Kunden*innen beeinflussen können.

Die Auswertung der Literatur sowie die Durchführung von Experteninterviews haben verschiedene Perspektiven aufgezeigt. Trotz dieser Vielfalt waren sich alle Experten*innen in einem Punkt einig: Sie sahen mögliche Chancen für indische Dropshipping-Unternehmen auf dem amerikanischen Markt. Einige Erfolgsfaktoren wurden von mehreren Experten hervorgehoben. Während der Interviews wurde insbesondere die Anpassungsfähigkeit an die flexiblen Marktanforderungen als entscheidender Erfolgsfaktor von mehreren Experten*innen betont. Zwei Experten betonten die Bedeutung eines Nischenmarktansatzes, während eine starke Markengeschichte und die Diversifizierung auf mehreren Märkten jeweils von zwei Experten*innen als erfolgskritisch angesehen wurden. Auch die rechtlichen Aspekte und Compliance-Prozesse wurden von einigen Experten*innen als relevante Erfolgsfaktoren betont.

Für die Beantwortung der zweiten Forschungsfrage wurde ein Umfragebogen erstellt, aus dem mehrere Erkenntnisse hervorgingen. Über 40 Prozent der Befragten gaben an, bereit zu sein, einen Aufpreis von 10 bis 20 Prozent für umweltfreundlichere Produkte zu zahlen, unabhängig von anderen Faktoren. Etwa ein Zehntel der Befragten erklärte, keinen Aufpreis für umweltfreundlichere Produkte zahlen zu wollen. Interessanterweise tendieren Menschen, die sich gelegentlich über die Umweltbemühungen eines Unternehmens informieren, bis zu 95 Prozent dazu, bei diesen Unternehmen einzukaufen. Bei denjenigen, die sich selten vor dem Einkauf über die Umweltbemühungen eines Unternehmens informieren, liegt diese Tendenz bei knapp 60 Prozent. Zusätzlich zeigte sich, dass zwei Drittel der Umfrageteilnehmer*innen eher bei einem Unternehmen einkaufen würden, das sich für Umweltschutz und Nachhaltigkeit einsetzt. Etwa die Hälfte der Befragten, unabhängig vom Geschlecht, ist bereit, einen Aufpreis von 10 bis 20 Prozent für umweltfreundlichere Produkte zu zahlen. Auffällig ist, dass ein größerer Anteil der Männer als Frauen nicht bereit ist, einen Aufpreis für umweltfreundlichere Produkte zu zahlen. Obwohl keine statistische Signifikanz in den Unterschieden vorhanden ist, zeigen die Prozentwerte, dass Frauen die Umweltfreundlichkeit als wichtig angeben und sagen, dass sie eher bereit sind, einen Aufpreis für umweltfreundlichere Produkte zu bezahlen.

11.2 Weitere Forschungsarbeiten

In dieser Masterarbeit wurden verschiedene Bereiche des Dropshippings betrachtet, jedoch wurden die Bereiche nicht im Details untersucht. Basierend auf dieser Arbeit könnten in Zukunft Forschungsarbeiten entstehen, die sich mit verschiedenen Aspekten des Geschäftsmodells auseinandersetzen könnten. Zum einen könnte eine Forschungsarbeit sich mit den verschiedenen Marketingstrategien in beiden Ländern, Indien und den USA, beschäftigen. Eine weitere Arbeit könnte sich mit den kulturellen Unterschieden zwischen den beiden Ländern und der Möglichkeit, diese als einen Vorteil zu nutzen, befassen. Die rechtlichen Aspekte und Compliance-Prozesse könnten in einer weiteren Forschungsarbeit behandelt werden.

Literaturverzeichnis

1. Anwar Hawlader, „ESTABLISHING A DROPSHIPPING E-COMMERCE STORE," 2021. [Online]. Available: https://www.theseus.fi/bitstream/handle/10024/495377/Hawlader_AnwarMd.pdf?se (accessed: Nov. 16 2023).
2. N. A. Majid et al., „What Triggers Entrepreneurial Intention among Young Generation? The Impact of Social Media," J. Phys.: Conf. Ser., vol. 1529, no. 4, p. 42066, 2020, https://doi.org/10.1088/1742-6596/1529/4/042066 (accessed: Nov. 16 2023).
3. I. V. Voloshyna, „Drop-shipping – new revolutionary trading," 2020. [Online]. Available: https://essuir.sumdu.edu.ua/bitstream-download/123456789/81832/1/Voloshyna_mag_rob.pdf (accessed: Nov. 16 2023).
4. M. L. Hoffmann, „Nachhaltige Produktempfehlungen: Identifizierung und Bewertung nachhaltiger Produkte," 2023. Accessed: Nov. 24 2023. [Online]. Available: https://api-depositonce.tu-berlin.de/server/api/core/bitstreams/b452d17e-ca4b-40a0-86eb-8f0e656fa49e/content (accessed: Nov. 16 2023).
5. S. Franzoi and J. vom Brocke, „Sustainability by Default? Nudging Carbon Offsetting Behavior in E-Commerce," ECIS 2022 Research Papers, 2022. [Online]. Available: https://aisel.aisnet.org/ecis2022_rp/111 (accessed: Nov. 16 2023).
6. H. Tempelmeier, Ed., Begriff der Logistik, logistische Systeme und Prozesse, 1st ed. Berlin, Germany: Springer Vieweg, 2018. [Online]. Available: http://nbn-resolving.org/urn:nbn:de:bsz:31-epflicht-1497374 (accessed: Nov. 16 2023).
7. Keyence, Arten der Logistik | Grundlagen der Logistik | Barcodelösungen für die Logistik | KEYENCE International Belgium(Deutsch): Logistikbereiche. [Online]. Available: https://www.keyence.eu/dede/ss/products/auto_id/logistics/basic/field.jsp (accessed: Nov. 16 2023).
8. K. Mostarac, Z. Kavran, and J. L. Piskovic, „Dropshipping Distribution Model in Supply Chain Management," in DAAAM Proceedings, vol. 1, Proceedings of the 33rd International DAAAM Symposium 2022, B. Katalinic, Ed.: DAAAM International Vienna, 2022, pp. 144–150. Accessed: Nov. 16 2023. [Online]. Available: https://www.daaam.info/Downloads/Pdfs/proceedings/proceedings_2020/019.pdf
9. K.-H. Wehking, Technisches Handbuch Logistik 2: Fördertechnik, Materialfluss, Intralogistik. Berlin, Heidelberg: Springer Berlin Heidelberg; Springer Vieweg, 2020. Accessed: Nov. 24 2023. [Online]. Available: https://link.springer.com/content/pdf/10.1007/978-3-662-60869-2.pdf

10. H.-C. Pfohl, Logistiksysteme: Betriebswirtschaftliche Grundlagen, 9th ed. Berlin, Heidelberg: Springer Berlin Heidelberg; Imprint: Springer Vieweg, 2018. Accessed: Nov. 24 2023.
11. H. Wannenwetsch, Integrierte Materialwirtschaft, Logistik, Beschaffung und Produktion: Supply Chain im Zeitalter der Digitalisierung, 6th ed. Berlin, Heidelberg: Springer Berlin Heidelberg; Springer Vieweg, 2021. Accessed: Nov. 24 2023. [Online]. Available: https://link.springer.com/content/pdf/10.1007/978-3-662-61095-4.pdf
12. Stefan Schuchardt, Incoterms 2020: Die Regeln der ICC zur Auslegung nationaler und internationaler Handelsklauseln. Berlin: ICC Germany, 2019. Accessed: Nov. 16 2023. [Online]. Available: https://www.contradius.de/images/pdf/export-brief-sonderausgabe-incoterms-regeln-2020-19-12-31.pdf
13. J. Bauer, Produktionslogistik/Produktionssteuerung kompakt: Schneller Einstieg in die produktionslogistik mit SAP-ERP. Wiesbaden, Germany: Springer Vieweg, 2014.
14. K. Furmans and C. Kilger, Betrieb von Logistiksystemen. Berlin, Heidelberg: Springer Vieweg, 2019. (accessed: Nov. 16 2023).
15. C. Notger, F. Rudolf, J. William, and K. Manfred, BWL kompakt und verständlich. Wiesbaden: Springer Fachmedien Wiesbaden, 2017. Accessed: Nov. 24 2023. [Online]. Available: https://link-1springer-1com-1000342oq04f0.han.technikum-wien.at/book/10.1007/978-3-658-17064-6
16. T. Gutsche, „Drop-shipping apparel products to german football fans by pepperminds," Universität Lissabon, 2016. Accessed: Nov. 24 2023. [Online]. Available: https://repositorio.iscte-iul.pt/handle/10071/12054
17. C. Barcs, I. L. Pop, and C. Toader, „Drop-Shipping – A Business Model Without Holding Inventory: A Case Study of Online Store," 2022. [Online]. Available: https://mpra.ub.uni-muenchen.de/118638/1/MPRA_paper_118638.pdf
18. F. Deges, GRUNDLAGEN DES E-COMMERCE: Strategien, modelle, instrumente – includes digital download. [S.l.]: GABLER, 2023. Accessed: Dec. 8 2023.
19. S. Rock and M. Wild, Der zukunftsfähige Handel: Neue online und offline Konzepte sowie digitale und KI-basierte Lösungen. Wiesbaden, Germany: Springer Fachmedien Wiesbaden GmbH, 2022. Accessed: Dec. 8 2023.
20. K. Rėklaitis and L. Pilieliené, „Principle Differences between B2B and B2C Marketing Communication Processes," Management of Organizations: Systematic Research, vol. 81, no. 1, pp. 73–86, 2019, https://doi.org/10.1515/mosr-2019-0005 Accessed: Dec. 8 2023.
21. V. Sai and Prasanth, „E-commerce Business Models," 2018. [Online]. Available: http://www.ijbmas.in/5.S2.18/11-15.pdf Accessed: Dec. 8 2023.
22. Ivona Huđek, Polona Tominc, and Karin Širec, „Entrepreneurship vs. Freelancing: What's the Difference?," Naše gospodarstvo/Our economy, vol. 66, no. 3, pp. 56–62, 2020. [Online]. Available: https://sciendo.com/article/10.2478/ngoe-2020-0018 Accessed: Dec. 8 2023.
23. B. Martens and N. Duch-Brown, The Economics of Business-to-Government Data Sharing, 2020. Accessed: Feb. 21 2024. [Online]. Available: https://papers.ssrn.com/sol3/papers.cfm?abstract_id=3540122
24. Singh, K. Gurpreet, S. Harjot, and Amitpal, Dropshipping in E-Commerce: A Perspective (accessed: Feb. 26 2024).

Literaturverzeichnis

25. Koroljov and Mark, „E-commerce: Dropshipping business model," 2023. [Online]. Available: https://www.theseus.fi/bitstream/handle/10024/804633/Koroljov_Mark%2Cpdf?sequence=2 (accessed: Feb. 26 2024).
26. Reyes and Corrotea Rodrigo, „DROPSHIPPING: AN UNEXPLORED E-BUSINESS MODEL AND ITS PONDERED VALUE IN CHILE," 2017. [Online]. Available: https://repositoriobibliotecas.uv.cl/serveruv/api/core/bitstreams/0cc92494-7610-4a44-b6e1-3dc969bca3eb/content (accessed: Feb. 26 2024).
27. Narwaria, T. Mamta, S. Aanya, and Ankit, „SHOPIFY ONLINE E-COMMERCE WEBSITE," pp. 1–5, 2022. [Online]. Available: https://www.irjmets.com/uploadedfiles/paper/issue_3_march_2022/20233/final/fin_irjmets1648720438.pdf (accessed: Feb. 26 2024).
28. Shopify, Shopify Pricing – Setup and Open Your Online Store Today – Free Trial. [Online]. Available: https://www.shopify.com/pricing (accessed: Feb. 29 2024).
29. Priya, „Shopify Tutorial: A Detailed Step-by-Step Guide for Beginners," VertiStudio, 16 Oct., 2019. https://themeisle.com/blog/shopify-tutorial/#h-2-explore-the-shopify-admin-screen (accessed: Feb. 29 2024).
30. Akhtar and Tasleem, „Website Platform Selection for Online Shop," pp. 27–34, 2021. [Online]. Available: https://www.theseus.fi/bitstream/handle/10024/411922/Website%20Platform%20Selection%20for%20Online%20Shop.pdf?sequence=2&isAllowed=y (accessed: Feb. 29 2024).
31. Shopify, Shopify App Store. [Online]. Available: https://apps.shopify.com/?locale=de (accessed: Mar. 1 2024).
32. Shopify, Ecommerce Website Templates – Free and Premium Themes for Your Online Store. [Online]. Available: https://themes.shopify.com/ (accessed: Mar. 1 2024).
33. Y. Ding, „SSL sicher implementieren," (in De;de), Datenschutz Datensich, vol. 38, no. 12, pp. 857–861, 2014, https://doi.org/10.1007/s11623-014-0332-1.
34. A. LAMEK, „Dropshipping in the age of the Internet – does it really work in crisis?," SPSUTOM, vol. 2023, no. 169, pp. 467–477, 2023, https://doi.org/10.29119/1641-3466.2023.169.27 (accessed: Mar. 1 2024).
35. Panteleimon and Tsogkas, „Exploring dropshipping and advertising means. Implementation of an exemplary platform," pp. 1–74, 2023. [Online]. Available: https://repository.ihu.edu.gr/xmlui/bitstream/handle/11544/30198/IHU_SciTech_Thesis_Dropshipping.pdf?sequence=1 (accessed: Mar. 1 2024).
36. S. Shi, J. Sun, and T. Cheng, „Wholesale or drop-shipping: Contract choices of the online retailer and the manufacturer in a dual-channel supply chain," International Journal of Production Economics, vol. 226, p. 107618, 2020, https://doi.org/10.1016/j.ijpe.2020.107618 (accessed: Mar. 1 2024).
37. H. Patil and B. R. Divekar, „Inventory Management Challenges for B2C E-commerce Retailers," Procedia Economics and Finance, vol. 11, pp. 561–571, 2014, https://doi.org/10.1016/S2212-5671(14)00221-4 (accessed: Mar. 1 2024).
38. M. Singh, „Emerging Trends Of E-Commerce In India," Shodh Sari, vol. 02, no. 04, pp. 382–391, 2023, https://doi.org/10.59231/SARI7646 (accessed: Mar. 11 2024)..
39. G. T. Gundlach and W. L. Wilkie, „The American Marketing Association's New Definition of Marketing: Perspective and Commentary on the 2007 Revision," Journal of Public Policy & Marketing, vol. 28, no. 2, pp. 259–264, 2009, https://doi.org/10.1509/jppm.28.2.259 (accessed: Mar. 11 2024).

40. P. Eng, Erste Schritte im Online-Marketing: Suchmaschinen – Content – Soziale Medien: Suchmaschinen – Content – Soziale Medien. [Place of publication not identified]: Springer Science and Business Media; Springer Vieweg, 2017 (accessed: Mar. 11 2024).
41. R. Olbrich, C. D. Schultz, and C. Holsing, Electronic Commerce und Online-Marketing (accessed: Mar. 11 2024).
42. Danish and Ishtiaq Ahmad, „Social Media Marketing," vol. 2019. [Online]. Available: https://is.muni.cz/th/jpisn/Thesis_IAD_NEW.pdf
43. Statista, Social Networks nach Nutzern 2024 | Statista. [Online]. Available: https://de-1statista-1com-112m0mptf0190.han.technikum-wien.at/statistik/daten/studie/181086/umfrage/die-weltweit-groessten-social-networks-nach-anzahl-der-user/ (accessed: Mar. 11 2024).
44. DENGLER and SIMON THOMAS, „FACEBOOK, INSTAGRAM OR TIKTOK? – ON THE PERFORMANCE OF ADVERTISING CHANNELS IN DROPSHIPPING," 2021. [Online]. Available: https://run.unl.pt/bitstream/10362/123456/1/2020-21_fall_42132_simon-dengler%20%281%29.pdf (accessed: Mar. 11 2024).
45. R. M. Dangelico and D. Vocalelli, „Green Marketing": An analysis of definitions, strategy steps, and tools through a systematic review of the literature (accessed: Mar. 11 2024).
46. S. V. de Freitas Netto, M. F. F. Sobral, A. R. B. Ribeiro, and G. R. L. Da Soares, „Concepts and forms of greenwashing: a systematic review," (in En;en), Environ Sci Eur, vol. 32, no. 1, pp. 1–12, 2020, https://doi.org/10.1186/s12302-020-0300-3 (accessed: Mar. 11 2024).
47. Lehner and Katharina, „Die Wirkung von CSR-Kommunikation auf Mitarbeitende – eine Untersuchung des Nachhaltigkeitsfilms eines österreichischen Unternehmen, 2016. Accessed: Mar. 18 2024. [Online]. Available: https://phaidra.univie.ac.at/detail/o:2024737.pdf
48. N. Nemes et al., „An Integrated Framework to Assess Greenwashing," Sustainability, vol. 14, no. 8, p. 4431, 2022, https://doi.org/10.3390/su14084431 (accessed: Mar. 11 2024).
49. Butt, K. Adnan, Z. Sabeen Naeem, R. Muhammad Mansoor, L. Waqas, and Anita, Firms greenwashing practices and consumers' perception: Role of marketing and non-marketing external stake holders in firms greenwashing practices, 20th ed.: Ashwin Anokha Publications & Distributions, 2021. Accessed: Mar. 18 2024. [Online]. Available: https://www.ashwinanokha.com/resources/ijeb%20v20-3-38.pdf
50. Grojer and Dina, Ephemeral Brand Related UGC im Kaufentscheidungsprozess 18–34-jähriger Instagram UserInnen, 2021. Accessed: Mar. 19 2024. [Online]. Available: https://phaidra.fhstp.ac.at/detail/o:4898.pdf
51. P. Kotler, G. Armstrong, L. C. Harris, and N. Piercy, Grundlagen des Marketing, 7th ed. Hallbergmoos: Pearson, 2019. Accessed: Mar. 19 2024. [Online]. Available: https://elibrary.pearson.de/book/99.150005/9783863268503
52. K. Gelbrich, S. Wünschmann, and S. Müller, Erfolgsfaktoren des Marketing, 2nd ed. [Place of publication not identified]: Verlag C.H. Beck; Vahlen, 2018. Accessed: Mar. 19 2024. [Online]. Available: https://www.ciando.com/img/books/extract/380065461X_lp.pdf

53. F. Wernitz, „Das Experteninterview als Datenerhebungsmethode in Prüfungsarbeiten," Bad Honnef: IUBH Internationale Hochschule, IUBH Discussion Papers – Business & Management 2/2018, 2018. Accessed: Mar. 19 2024. [Online]. Available: https://www.econstor.eu/handle/10419/193021
54. Nayak, N. Siva Durga Prasad, and K.A., „Strengths-and-Weakness-of-Online-Surveys," 2019. Accessed: Mar. 19 2024. [Online]. Available: https://www.researchgate.net/profile/Mudavath-Nayak/publication/333207786_Strengths_and_Weakness_of_Online_Surveys/links/61176e5a0c2bfa282a42253b/Strengths-and-Weakness-of-Online-Surveys.pdf
55. D. Arkkelin, „Using SPSS to Understand Research and Data Analysis," Accessed: Mar. 19 2024. [Online]. Available: https://scholar.valpo.edu/cgi/viewcontent.cgi?article=1000&context=psych_oer

The manufacturer's authorised representative in the EU is Springer Nature Customer Service Centre GmbH, Europaplatz 3, 69115 Heidelberg, Germany. If you have any concerns regarding our products, please contact ProductSafety@springernature.com

Printed and bound by CPI Group (UK) Ltd, Croydon, CR0 4YY
26/03/2026
02078968-0003